sunstroke
publishing

ISBN 978-3-00-051789-1

Bachemer Straße 406 | 50935 Köln | Deutschland

Autor: Klaus Storm

Design und Illustration:
LC Lead Communications GmbH & Co. KG

Herstellung und Verlag
BoD - Books on Demand, Norderstedt
Made in Germany - 1. Auflage - 12/15

www.sunstrokepublishing.com

Klaus Storm

GELD AUS DER GLOTZE

So gewinnen Sie neun Millionen im TV!

sunstroke publishing

Der Autor

Klaus Storm ist im Jahr 1977 in Haselünne geboren. 2010 verstarb er mit 33 Jahren. Er arbeitete als Journalist und Medienwissenschaftler.

Storm war viele Jahre in führenden Positionen für TV-Sender und Produktionsfirmen tätig, unter anderem für NorddeichTV, Endemol Entertainment, creatv, RTL Television und den NDR. Zuletzt war Klaus Storm als Fernsehproduzent für Schwartzkopff-TV in Hamburg für die Entwicklung neuer Fernsehformate verantwortlich. Sein Herz schlug für das Medium TV. Bis zu seinem Tod schrieb er an seinem Buch *Geld aus der Glotze - So gewinnen Sie neun Millionen im TV!*. Die Krankheit Depression hat er nicht überlebt.

Storm schloss das Studium der Medienwissenschaften, Germanistik und Amerikanistik an der Universität Osnabrück mit dem akademischen Grad „Magister Artium" ab. Seine Magisterarbeit widmete er unter dem Titel *America after dark!* den amerikanischen Late-Night-Shows.

Der Autor selbst trat in verschiedenen Shows als Kandidat auf und gewann dort eine beträchtliche Summe Geld und diverse Sachpreise. Er war mehrfacher *Jeopardy!*-Champion und sahnte ebenfalls in den Sendungen *Wer hat's gesehen?!*, *Greif an*, *Die Quiz Show* und *Glüxxtipp* kräftig ab.

Inhalt

Vorwort von Frederic Meisner

Spaß am Spiel
Glücksrad ist die weltweit erfolgreichste Gameshow aller Zeiten!

Mein Name ist Frederic Meisner. 14 Jahre lang moderierte ich die Gameshow *Glücksrad*. Welche Sendung - außer der Tagesschau - kann schon solche Zahlen vorweisen: Seit meinem Start des *SAT 1-Glücksrads* am 7. November 1988 habe ich über 2900 Sendungen moderiert, rund fünf bis sieben Millionen Zuschauer und ein Marktanteil von bis zu 13% waren täglich dabei, als es um Rätsel und jede Menge Gewinne ging.

Mitfühlen, Mitraten, Mitzittern, Freude und Schadenfreude wechseln im Sekundentakt,- den Zuschauern verschlägt es fast den Atem. Kein Wunder, dass Millionen Zuschauer die Mischung aus Roulette und Kreuzworträtsel liebten und gerne mal dabei sein wollten.

Gameshows bieten im gesamten Feld des interaktiven Fernsehens eine Fülle von Möglichkeiten für das Mitspielen von zu Hause aus. Zu diesem Zweck wurden und werden zahlreiche elektronische Einrichtungen entwickelt. Sie bieten dem Zuschauer die unterschiedlichsten Möglichkeiten, sich an den Fernsehprogrammen zu beteiligen. Während bei *Gameshow inklusive* früher von kompakten Unterhaltungsspielen mit Kandidaten die Rede war, so spricht man heute kurz und knapp von den Gameshows. Diese Shows heißen Shows, obwohl sie mit den 90-minütigen Unterhaltungsklassikern kaum etwas gemein haben. Sie sind meist 25 oder 45 Minuten lang und treten in wöchentlichem oder gar täglichem Rhythmus auf.

Täglich erreichten uns 2.000 bis 4.000 Bewerbungen in der *Glücksrad*-Redaktion. Nur jeder hundertste Bewerber schaffte den Sprung vor die Kamera. Davon abgesehen ist das Anforderungsprofil für jede Show anderes und somit konnte es auch nicht den idealen Kandidaten geben. Besitzen Sie allerdings Eigenschaften wie sympathische Ausstrahlung, Kontaktfreudigkeit, Spielfreude, schnelle Auffassungsgabe und eine gute Allgemeinbildung, steigen die Chancen enorm. Ein weiterer Pluspunkt wäre, wenn Sie so etwas wie ein ausgefallenes Hobby oder einen ungewöhnlichen Beruf zu bieten hätten.

Wenn Sie es tatsächlich geschafft haben, zum Casting eingeladen zu werden, ist ein großer Schritt in Richtung ihrer Lieblingssendung gemacht. Vor einer Bewerbung sollten Sie sich sicher sein, ob Sie sich auf das Ganze wirklich einlassen wollen.

Was vom gemütlichen Fernsehsessel aus so leicht aussieht und locker beantwortet werden kann, sieht für einen nervösen Kandidaten mit erhöhtem Pulsschlag im ungewohnten Fernsehstudio und vor laufenden Kameras völlig anders aus.

Um die Show erfolgreich zu überstehen, muss der Kandidat vor allem starke Nerven und eine gesunde Portion Selbstbewusstsein mitbringen. Aber Achtung! Die ungewohnte Studioatmosphäre und der Zeitdruck stellen selbst den schlausten Ratefuchs auf eine harte Probe. Ich habe viele Kandidaten in den Jahren kennengelernt und erlebt, die mir häufig nach der Sendung mitgeteilt haben: Zuhause hätte ich des Rätsels Lösung längst gewusst. Ich glaube, ich hatte einen Blackout....

Wenn Sie diese Anforderungen erfüllen, dann sind Sie der perfekte Kandidat für die eine oder andere Gameshow. Dazu kann ich Ihnen die Daumen drücken und viel Glück wünschen. Denken Sie daran, haben Sie einfach „Spaß am Spiel!“

Ganz besonders möchte ich mich bei dem Autor Klaus Storm bedanken für seine Idee bedanken, dieses Buch mit dem Titel

„Geld aus der Glotze – So gewinnen Sie neun Millionen im TV!“ zu realisieren. Klaus Storm war selbst mehrmals Kandidat in diversen Gameshows, u.a. bei *Jeopardy*.

Ich wünsche Ihnen nun
viel Spaß beim Lesen!

Ihr Frederic Meisner.

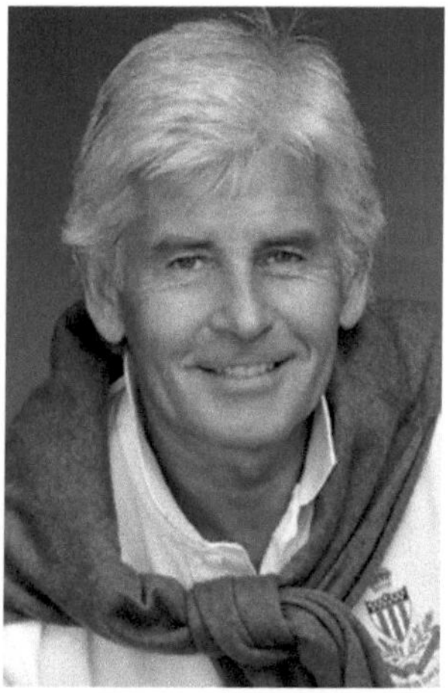

Vorwort von Walter Freiwald

(Kein) Irrtum, liebe Leser

Mein Name ist Walter Freiwald. Ich bin in der Medienlandschaft aufgewachsen und selbst reingerutscht oder vielmehr hineingeschubst worden.

So landete ich auch in einer Gameshow; allerdings nicht als Kandidat, sondern als Mitwirkender. Es war eine adaptierte Gameshow aus den USA mit dem Titel *The Price is right*, die man dann umtaufte in *Der Preis ist heiß*. Hier ging es nicht um Geld, sondern um Sachwerte. Von Weißware über Autos bis hin zum ganzen Haus konnte man hier alles gewinnen – und das innerhalb von nicht einmal einer halben Stunde. Ich war der Ansager – der Announcer dieser Preise – und habe natürlich alles hinter den Kulissen mitbekommen. So auch das Casting, also die Auswahl der Kandidaten für die Show. Und das war damals ziemlich einfach, denn die Kandidaten wurden aus dem Publikum gewählt.

Das Publikum musste durch eine Schleuse, sozusagen jeder Einzelne, und wurde von geschulten Mitarbeitern direkt gecastet. Dabei ging es darum, die Bühnenfestigkeit zu checken. Wenn also jemand betrunken war, hatte er keine Chance, wenn jemand extrovertiert war, sah es gut aus. Jedenfalls bekam jeder ein Namensschild auf die Brust geklebt und ich bekam eine heimliche Liste mit den Auserwählten, damit ich sie aufrufen konnte. Und das klang dann so: „Erika Petersmann – Kommen Sie zu uns – Sie sind dabei!“ Die Kandidatin riss die Arme hoch, sprang auf und lief ans Ratepult. Es wusste also niemand, ob er Kandidat werden würde.

Bei den Shows, in denen man Geld gewinnen kann, ist das Casting viel komplizierter und aufwendiger. Man dreht Filme mit den Bewerbern, am besten bei den Menschen zu Hause, wo man intime Einblicke bekommt, die Umgebung der Bewerber sieht und feststellt, ob ein Kandidat kamerafest und telegen ist.

Es ist heutzutage nicht mehr so einfach, Kandidat zu werden und Kohle abzuräumen. Bei *Wer wird Millionär* hat man schnell den Eindruck, dass nur wenige Menschen hohe Summen gewinnen. Und mal ehrlich, nicht ständig wird jemand Millionär. Der Anreiz, in einer solchen Show Kandidat zu werden, ist schon groß. In Vorgesprächen mit den Machern traut man sich eine Menge zu und kann jede Frage beantworten. Man sieht sich vielleicht schon als Sieger; doch wenn es dann soweit ist und man sitzt in der Show, können einem ganz schnell die Nerven versagen und man bekommt einen Blackout. Die einfachste Frage kann man nicht mehr richtig beantworten. Aber das schnelle Geld lockt.

Ich kann nur davor warnen, sich alles zuzutrauen und zu glauben: „Das ist doch einfach!“ Du brauchst äußerst starke Nerven und musst ziemlich abgebrüht sein, sonst dreht sich das ganze Spiel zu deinen Ungunsten. Du wirst vorgeführt und stehst als Depp da.

Als Zuschauer zu Hause nimmt man so eine Gameshow völlig anders wahr. Natürlich weiß man vor der Glotze alles besser und amüsiert sich über die Fehler der Kandidaten. Und dann gibt es schnell mal in den sozialen Medien einen Shitstorm. Früher wurden weitaus mehr Sachpreise verspielt und die Gewinner haben sich über ein nigelnagelneues Auto „ein Loch in die Mütze“ gefreut.

Heute werden Autos mal so nebenbei z.B. bei Fernsehlotterien verspielt. Die Wertschätzung ist verloren gegangen und von großer Freude kann nicht mehr die Rede sein. Aber auch 30.000 Euro lassen so manchen Gewinner nahezu kalt. Diese Entwicklung ist sehr schade.

Ich denke, wir müssen wieder lernen, uns richtig freuen zu können. Sind uns die Endorphine abhanden gekommen? Ich glaube nicht! Die Glückshormone müssen wieder aktiviert werden.

Vielleicht ist es aber auch nur die Überflutung der Gewinnsummen, die einfach zu groß ist. 100.000 Euro im TV zu gewinnen ist nichts Besonderes mehr und deshalb schon ‚freudlos selbstverständlich'? Ich finde nein! Es ist etwas Besonderes, wenn man in kürzester Zeit solche Summen absahnen kann. Da muss man sich mal den Stundenlohn ausrechnen, der gigantisch ist. Und dann noch unversteuert. Es gibt genug Menschen, die dafür jahrelang arbeiten müssen.

Deshalb sage ich JA zu Gameshows und zu Geldgewinnen. Der Autor dieses Buches, Klaus Storm, gibt hier Tipps, auch mit einem Augenzwinkern, wie man im Fernsehen Kandidat werden und Geld abzocken kann. Seine Ausführungen sind spannend, humorvoll und entbehren keiner Kurzweil.

Ich habe Klaus Storm persönlich nicht kennengelernt, kann aber versichern, dass dieses Buch Hand und Fuß hat; allein schon deshalb, weil er nicht nur fürs Fernsehen gearbeitet hat, sondern auch selbst in diversen Gameshows Kandidat war.

Ich bin selbst Autor eines Buches und weiß die Arbeit von Klaus Storm sehr zu schätzen, da mir kein weiteres Werk zum *Thema Geld aus der Glotze* bekannt ist.

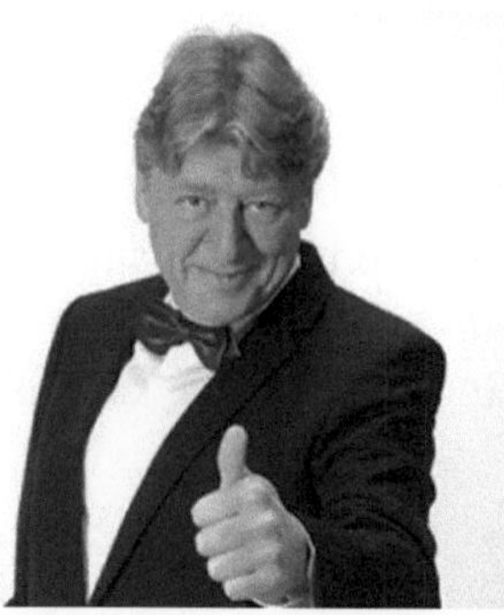

Ihnen viel Spaß beim Lesen
und toi, toi, toi für die
Millionen...

Ihr Walter Freiwald

Einleitung

Geht es Ihnen nicht auch so? Sie gucken *Wer wird Millionär* und sagen sich: „Das kann ich auch!" Aber können Sie es wirklich?! Sind Sie nicht vielleicht doch zu nervös oder vergessen wichtige Details schon bei der Bewerbung? Damit Ihnen das nicht passiert, habe ich dieses Buch geschrieben. Sie erfahren hier wirklich alles, was Sie wissen müssen, wenn Sie im Fernsehen die Hand aufhalten wollen. In den USA und England gibt es derartige Ratgeber schon länger. Kein Wunder, denn schließlich kann man im TV wirklich eine ganze Menge Geld abstauben.

Nicht alle hier verzeichneten Shows sind gerade zu dem Zeitpunkt auf Sendung, wenn Sie dieses Buch lesen. Zudem habe ich auch ein paar TV-Formate aufgenommen, die man hier vielleicht nicht erwarten würde, bei denen mir hilfreiche Tipps aber angebracht scheinen. Natürlich werden manchmal Sendungen abgesetzt und neue ins Programm genommen. Daher kann dieses Buch niemals perfekt sein, sondern immer nur eine subjektive Momentaufnahme des Autors. Sollten Sie eine Show vermissen oder weitere Anregungen haben, dann freue ich mich sehr über einen Hinweis.

Wenn Sie wirklich an allen beschriebenen Shows teilnehmen möchten, gehen Sie mit Preisen und Geld im Wert von mehr als neun Millionen Euro nach Hause.

Dabei wünsche ich Ihnen viel Erfolg!

Klaus Storm

Hier geht es jetzt zur Anleitung zum Millionengewinn...

Kapitel 1

Ja, ich will!
Die erfolgreiche Bewerbung

Bevor Sie sich als Kandidat in einer Fernsehshow bewerben, sollten Sie diese perfekt kennen. Sehen Sie sich also unbedingt mehrere Ausgaben der Show an. Saugen Sie alles in sich auf: Wie bewegt sich der Moderator? Wo sind böse Fallen? Was machen die Kandidaten im Fernsehen besonders gut? Sie müssen die Spielregeln, die gesamte Systematik und kleine Eigenheiten im Konzept beherrschen.

Wenn Sie sich dann wirklich für eine Bewerbung entschieden haben, so finden Sie die Kontaktadressen im hinteren Teil dieses Buches unter „Adressen diverser Produktionsfirmen". Beachten Sie unbedingt, dass sich Details natürlich ändern können. Heutzutage sind die meisten Shows über eine eigene Webseite zu erreichen. Dort finden Sie auch Hinweise zur Bewerbung auf unterschiedlichen Wegen, der Bestellung von Zuschauerkarten und allgemeine Informationen zur Sendung. Nutzen Sie unbedingt diese Möglichkeiten im Internet.

Bei Studioproduktionen hilft es, wenn Sie sich eine Aufzeichnung der Show als Zuschauer im Publikum ansehen. So bekommen Sie schon im Vorfeld ein gutes Gefühl dafür wie die Sendung produziert wird. Sie können Kandidaten und den Moderator schon einmal in ihrem „natürlichen Lebensraum" beobachten und erleben den Trubel im Studio live. Das wird Ihnen später sehr viel Nervosität nehmen.

Beachten Sie, dass Sie Zuschauerkarten schon sehr weit im Voraus bestellen müssen. Viele Shows werden als Staffelproduktion (also die Aufzeichnung mehrerer Sendungen an einem Tag) hergestellt und pausieren danach oft monatelang. Ein weiterer Vorteil beim Besuch im Studio liegt darin, dass Ihre Daten bei der Ticket-Agentur gespeichert bleiben. Man wird Sie bei neuen Produktionen wieder kontaktieren. So können Sie oft noch vor anderen Menschen neue Shows in ersten Testsendungen (Piloten) ansehen – und sich so natürlich mit einem nicht zu unterschätzenden Zeitvorteil dafür bewerben. Die meisten Kandidaten besorgen nicht mehr die Redakteure der Shows, sondern professionelle Castingagenturen. Diese Agenturen veranstalten Massencastings, verwalten akribisch Ihre Daten und Geschichten und geben eine passende Auswahl an Kandidaten oder Protagonisten an die Produktionsfirmen oder Fernsehsender weiter. Dort entscheiden dann final die Redakteure der Shows, welche Kandidaten zur Produktion eingeladen werden. Sie können im Internet auch direkt bei diesen Agenturen vorbeischauen und sich dort als Kandidat in die Kartei eintragen lassen.

Ganz wichtig: Für den Eintrag bei einer Castingagentur dürfen Sie niemals (!) Geld bezahlen. Selbst bei kleinen Beträgen (oft um die €10-30) sollten Sie skeptisch sein. Die seriösen Agenturen verlangen kein Geld von Ihnen, sondern werden bei der erfolgreichen Vermittlung vom Sender – oder einer Produktionsfirma – bezahlt. Gemein sind in diesem Zusammenhang die Inserate im Kleinanzeigenteil der Tageszeitungen. Wenn Sie über eine 0190-Nummer anrufen sollen, intime persönliche Details preisgeben müssen oder Ihnen die Sache irgendwie komisch vorkommt, dann lassen Sie die Finger davon. Gameshow-Kandidaten sind zwar weniger betroffen als junge Frauen, die mit falschen Versprechen zu angeblichen Traumkarrieren als Model verleitet werden sollen, aber passen Sie trotzdem auf. Seriöse Agenturen inserieren auch durchaus in Tageszeitungen (insbesondere, wenn kurzfristig Kandidaten besorgt werden müssen), allerdings wird man Ihnen bereitwillig Auskunft zur Produktion geben und Sie auch gerne zurückrufen.

Mit Ihrer Bewerbung als Kandidat haben Sie bessere Chancen, wenn Ihre Bewerbung passend zum Produktionszyklus bei den Redakteuren auf dem Tisch liegt. Besonders gute Karten haben Sie, wenn Sie sich (ebenfalls meistens über Castingagenturen) für eine ganz neue Sendereihe bewerben. Wenn die Show noch nicht im TV ausgestrahlt wird, erhalten die Produzenten nur wenige Bewerbungen, daher ist die Auswahl der Kandidaten hier oft nicht sehr streng. Der Nachteil ist hier natürlich, dass Sie sich auf unbekanntes Terrain begeben und sich möglicherweise nicht so gut vorbereiten können.

Generell gilt, dass Sie nach Ihrer Bewerbung nicht bei der Produktion nachfragen, wann Sie jetzt endlich eingeladen werden, denn das bringt wirklich nichts. Wenn Sie nach einem halben Jahr noch keine Antwort haben, senden Sie einfach eine frische Bewerbung hinterher. Möglicherweise sind Sie nämlich inzwischen als „Archivleiche" eingestuft. Das ist nicht Ihre Schuld, sondern liegt am permanenten Mitarbeiterwechsel beim Fernsehen. Vielleicht hat Sie Ihr Redakteur einfach vergessen - und sein Nachfolger beschäftigt sich nur noch mit den frischen Bewerbungen.

Wirklich Nachfragen dürfen Sie unaufgefordert eigentlich nur in einem einzigen Fall: Wenn Sie eine Rufnummer in Ihrer Anrufliste finden, die Sie ganz klar einer Produktionsfirma zuordnen können, aber keinen Anruf auf Mailbox oder Anrufbeantworter haben, rufen Sie höflich zurück. Sagen Sie laut Ihren Namen und erzählen Sie freundlich, dass Sie die Nummer der Produktionsfirma gesehen haben und sich daher jetzt melden. Die Redakteure telefonieren oft einfach eine Liste ab. Wenn man Sie nicht direkt persönlich erreicht, ruft man einfach sofort den nächsten Kandidaten an. Da Sie aber ja offensichtlich schon auf der Liste mit der Kandidatenauswahl geführt worden sind, können Sie durch einen Rückruf möglicherweise doch noch in die Show kommen.

Wenn Sie beim Fernsehen, der Presse oder für einen Radiosender arbeiten, haben Sie es mit Ihrer Bewerbung nicht leicht. Prinzipiell dürfen Sie natürlich mitspielen, aber viele Fernsehproduzenten holen sich nicht gerne die Konkurrenz ins Studio und wimmeln Ihre Bewerbung unter einem anderen Grund ab.

Bei einigen Sendungen müssen Sie zu einer bestimmten Personengruppe gehören, damit Sie überhaupt in der Show auftreten dürfen. Manchmal müssen Sie besonders jung sein, bei einigen Shows sind nur Frauen zugelassen und in einigen Fällen (oft bei großen Testshows in der Hauptsendezeit) müssen Sie zu einer bestimmten Berufsgruppe gehören oder besondere Eigenschaften besitzen. Sollte das bei Ihrer Wunschsendung so sein, dann missachten Sie diese Vorgaben nicht, sonst wird Ihre Bewerbung keinen Erfolg haben.

Die schriftliche Bewerbung

Diese Art der Bewerbung ist immer noch mit der größten Chance auf einen Platz in der Sendung verbunden. Ihr Schreiben liegt schön haptisch auf dem Schreibtisch des Redakteurs oder der Castingagentur und muss irgendwann von einem Mitarbeiter bearbeitet werden.

Den Brief sollten Sie in einem ansehnlichen, aber nicht zu professionellen Layout gestalten, schließlich sind Sie ja kein Geschäftspartner, sondern ein echter Mensch mit vielen interessanten Eigenschaften. Ihre Kontaktdaten schreiben Sie trotzdem klassisch oben rechts hin. Viele Caster mögen es sehr, wenn Sie zum eigentlichen Bewerbungsschreiben so eine Art „Steckbrief" über sich anfertigen. Hier tragen Sie lustige Geschichten, Ihr Geburtsdatum, Hobbys, etc. ein. Man fertigt über Sie ein kleines Profil an, welches der Redakteur oder Caster seinem Chef bzw. Teamleiter präsentiert. Machen Sie es ihm also so einfach wie möglich. Schreiben Sie interessante (aber kurze) Anekdoten, peinliche Geschichten und außergewöhnliche Talente auf. Der Redakteur muss Sie in zwei bis drei Sätzen „verkaufen" können und will diese einfach mit einem Textmarker aus Ihrer Bewerbung fischen. Wenn Sie den Namen des Redakteurs kennen, nutzen Sie das in der Anrede und schreiben Sie nicht „Sehr geehrte Damen und Herren". Der alte Trick aus Bewerbungen um einen Arbeitsplatz funktioniert auch hier: Auf der einen Seite hört jeder Mensch gerne seinen eigenen Namen und zudem muss sich jetzt natürlich jemand ganz konkret für Ihre Kandidatenbewerbung verantwortlich fühlen.

Besonders „originelle“ Bewerbungen sind immer grenzwertig. Viele Redakteure lehnen sie grundsätzlich ab. „Machen wir hier Unterhaltung - oder die Zuschauer?“ würden nicht wenige Redakteure denken. Bei einigen anderen kommen Bastelarbeiten und besonders kreativ gestaltete Bewerbungen vielleicht aber gut an. Wenn Sie sich für eine außergewöhnliche Bewerbung entscheiden, sollte zumindest ein Anschreiben mit allen Kontaktdaten im Format Din A4 beiliegen, damit der Mitarbeiter Ihren Brief zumindest in einem Ordner abheften kann.

Im Bewerbungsschreiben stellen Sie kurz Ihre Motivation zur Teilnahme an der Sendung vor. Diese ist auf keinen Fall Geld, sondern Spaß am Spiel, Neugierde, die sportliche Herausforderung oder ähnliche Floskeln. Lassen Sie zwischen den Zeilen durchblicken, dass Sie ein sympathischer und humorvoller Kandidat sind, welcher der arbeitslosen Mutter von zehn Kindern einen möglichen Gewinn ebenfalls sehr gönnt.

Senden Sie ein Ganzkörper- und ein Portraitfoto mit. Die Bilder beschriften Sie auf der Rückseite mit Ihrem Namen und Ihren Kontaktdaten. Sollten bei der Vielzahl der Bewerbungen einmal Bilder vertauscht werden, wird der Redakteur Ihnen dankbar sein. Bei Ihren Kontaktdaten geben Sie mindestens eine Festnetznummer, Ihre Mobilfunknummer, Ihre Anschrift und Ihre Email-Adresse an.

Bewerbung per Email oder per Formular auf der Internetseite

Besorgen Sie sich unbedingt eine neutrale E-Mail Adresse bei einem der kostenlosen Anbieter im Netz, die Ihren vollen Namen enthält. Sie werden vom Redakteur so einfacher in seinem E-Mail Programm gefunden. Zudem wirken Benutzernamen wie „wildemaus23“ oder „peters_vati“ vor dem Klammeraffen einfach nur peinlich. Viele Standarddokumente (Einladungen zu Castings, Wegbeschreibung, ...) werden mittlerweile bevorzugt per E-Mail versendet, da auch die

Produktionsfirmen Portokosten sparen müssen. Daher ist Ihre E-Mail Adresse extrem wichtig.

Auch in Ihrer Online-Bewerbung sprechen Sie im Optimalfall den Redakteur direkt mit Namen an. Senden Sie unbedingt auch hier ein gutes Foto von sich in digitaler Form mit. Das Dateiformat sollte .jpg sein und das Bild darf auf keinen Fall viel Speicherplatz benötigen. Die Mail läuft sonst Gefahr, nicht zugestellt zu werden. Auch sonst sollten die Dateiformate nicht vom üblichen Standard abweichen. Benutzen Sie pdf-Dateien für Schriftstücke. Wenn Sie kein Programm haben, das Ihre Dokumente entsprechend umwandeln kann, finden Sie im Internet zahllose Dienste, die das kostenlos für Sie erledigen. Alle Dateien in der Bewerbung müssen Sie eindeutig und mit Ihrem Namen benennen, also beispielsweise Gabriele Schulze – Ganzkörperfoto.

Wenn Sie sich per Online-Formular auf der Internetseite bewerben, kann das manchmal Geld kosten, so zum Beispiel bei „Wer wird Millionär“. Sie werden aber ausdrücklich auf der Seite der Shows auf die Kosten hingewiesen. Überlegen Sie sich vorher, ob Sie die Kohle dafür ausgeben möchten.

Die Bewerbung per Formular oder E-Mail muss mindestens genauso professionell sein wie eine klassische Bewerbung per Post. Geben Sie sich hier insbesondere bei der Formulierung und den Fotos noch etwas mehr Mühe. Die Redakteure bekommen die Kurzfassung des Formulars – ohne Schnickschnack – per Mail weitergeleitet. Hier ist also ein Auffallen durch Originalität sehr schwer. Ihr eigenes E-Mail Postfach muss in jedem Fall ausreichend Speicherplatz aufweisen. Es ist für Sie und die Fernsehproduktion extrem frustrierend, wenn Dokumente nicht zugestellt werden können, weil das Postfach voll ist.

Bewerbung per Telefon

Die Bewerbung per Telefon ist nur bei sehr wenigen Shows möglich. Hier rufen Sie in der Regel auf einer Mehrwertnummer an, die besonders teuer ist. Telefonieren Sie im Stehen, lächeln Sie dabei und sprechen deutlich und langsam die geforderten Daten auf das Band. Sie können auch auf einen alten Callcentertrick zurückgreifen: Sehen Sie beim Telefonieren in einen Spiegel! Das klingt albern, aber Sie werden automatisch lächeln, besser klingen und einen sympathischeren Eindruck hinterlassen.

Einen persönlichen Ansprechpartner aus der Redaktion werden Sie am anderen Ende der Leitung übrigens vergeblich suchen: Sie sprechen wirklich *immer* auf einen Anrufbeantworter. Achten Sie unbedingt darauf, dass Ihre Nummer übermittelt wird. Sollte Sie der Redakteur beim Abhören der Mailbox nicht verstehen, dann ruft er vielleicht trotzdem auf Ihrer Nummer zurück.

Bewerbung per SMS

Bei einigen Shows können Sie sich auch per SMS bewerben. Besonders sinnvoll ist das nicht, da Sie sich hier nicht gut profilieren können. Eine Bewerbung per SMS sollten Sie höchstens ergänzend zu Ihrer eigentlichen Bewerbung absenden. Beachten Sie hier, dass Ihre SMS möglicherweise nur zugestellt wird, wenn Sie bei einem der großen Anbieter unter Vertrag sind. Es gibt immer noch einige kleine Telefongesellschaften, die bei der Übermittlung von „Premium SMS“ nicht mitmachen.

Kapitel 2

Das Casting

Wenn Sie Ihre Bewerbung abgeschickt haben, werden Sie mit etwas Glück zu einem Casting eingeladen. Sie bekommen dazu die Standardeinladung mit einem Castingtermin und der Wegbeschreibung zu einem Hotel in Ihrer Nähe. Dort werden Sie von professionellen Castern begutachtet. Diese machen ein Foto von Ihnen und stellen schon einmal diverse Informationen über Sie für die Redaktion zusammen. Vor dem Casting müssen Sie wirklich keine Angst haben, aber Sie sollten gut vorbereitet sein.

Schon im Vorfeld müssen Sie unbedingt Ihre „Hausaufgaben" erledigen. Sehen Sie sich unbedingt ein paar Folgen der Sendung an, für die Sie sich bewerben. Machen Sie sich Notizen zu den Stolperfallen und ungewöhnlichen Details der Show. Gehen Sie Ihre Aufzeichnungen dann mehrfach durch und prüfen Sie, ob Sie sich auf die Schwachstellen vorbereiten können. Vielleicht haben Sie ja auch einen Bekannten, der schon einmal an der Show teilgenommen hat. Falls nicht, so suchen Sie in Internetforen und kontaktieren Sie ehemalige Mitspieler. Man hilft Ihnen hier mit Sicherheit gerne. Denken Sie immer an Ihr Ziel: Sie wollen als Sieger und somit mit dem Geldkoffer nach Hause gehen!

Die Castings für klassische Quizshows finden in Hotels in ganz Deutschland statt. Pro Tag werden einige Hundert Kandidaten bei so einer Veranstaltung begutachtet. Sie bekommen bereits mehrere Wochen – meistens noch per Briefpost – die Einladung zu einem Casting. Manchmal müssen Sie Ihre Teilnahme durch einen kurzen Anruf oder eine Mail bestätigen. Sehen Sie genau in das Kleingedruckte!

Am Tag des Castings sollten Sie unbedingt rechtzeitig im Hotel eintreffen. Sie werden in jedem Fall noch mindestens eine Stunde dort warten müssen, aber für Ihre innere Ruhe ist eine stressfreie Anreise einfach besser. Im Hotel begrüßt Sie ein Mitarbeiter vom Castingteam und streicht Ihren Namen in einer Liste ab. Dann erhalten Sie meistens eine Kandidatennummer, die man Ihnen mit Klebeband am Oberkörper befestigt. Jetzt werden Sie um das Ausfüllen eines Kandidatenbogens gebeten.

Das Beispiel für einen solchen Bogen finden Sie auf den folgenden Seiten.

Bewerbungsbogen

Vorname und Name ______________________________

Strasse, Hausnummer ______________________________

PLZ, Stadt ______________________________

Tel. privat ______________ Tel. dienstl. ______________

Tel. mobil ______________ Fax ______________

E-Mail ______________ Homepage ______________

Geburtsdatum ______________ Geburtsort ______________

Familienstand ______________ Nationalität ______________

Größe in cm ______________ Gewicht ______________

Konfektionsgröße ______________ Haarfarbe ______________

Augenfarbe ______________ Tattoos / Piercing ______________

Kinder ☐ Ja ☐ Nein

Namen und Geburtsdaten der Kinder ______________________________

Ausbildung und derzeitige Tätigkeit ______________________________

Hobbys / Interessen ______________________________

Sind Sie Mitglied in einem Verein oder Club? In welchem?

____

Haben Sie Preise oder Titel gewonnen?! Welche und wann?

____

Was sammeln Sie?! Beschreiben Sie Ihre Sammelleidenschaft!

____

Haben Sie bemerkenswerte Angewohnheiten oder einen liebenswerten „Spleen“? ______________________________

Was waren außergewöhnliche Erlebnisse oder Geschichten in Ihrem Leben? ______________________________

Welche Talente oder besonderen Fähigkeiten haben Sie?

____

Was ist Ihr größter Wunsch?

____

Von wem oder was sind Sie ein Fan? Was fasziniert Sie daran?

____

Besitzen Sie besondere Kleidung, die Sie in der Sendung tragen würden (Berufskleidung, Uniform, Vereinskleidung, besonderer Freizeitdress)? ______________________________

In welchen Fernsehsendungen sind Sie bereits aufgetreten und wann war das?! ______________________________

Was würden Sie mit € 5.000 Gewinn machen?

____

Was würden Sie mit € 100.000 Gewinn machen?

____

Was würden Sie mit € 1.000.000 Gewinn machen?

____

Warum glauben Sie, dass Sie der richtige Kandidat sind?!

____

Was ärgert Sie? / Worüber freuen Sie sich?

____

Was sollte man sonst noch über Sie wissen?

____

Sie dürfen bei keiner Frage lügen, sondern können maximal die Wahrheit etwas ausschmücken. Überlegen Sie sich anhand des Beispiels schon einmal, wie Sie einen solchen Bogen ausfüllen würden. Sie brauchen garantiert eine lustige und peinliche Geschichte, ein verrücktes Hobby und einen großen Wunsch. Das wird immer abgefragt.

Wenn Sie eine Oldtimersammlung haben, gerne in Ihrem eigenen Pool schwimmen und Gemälde des Expressionismus sammeln ist das sicherlich interessant, trotzdem sollten Sie dies beim Casting verschweigen. Produzenten und Zuschauer sehen es nicht gerne, wenn Menschen im Fernsehen Geld gewinnen – aber es eigentlich nicht brauchen. Auf der anderen Seite sollten Sie aber große Armut, schmutzige Scheidungen und Arbeitslosigkeit auch eher unter den Teppich kehren. Eine Heulsuse dürfen Sie nämlich in den meisten Fällen auch nicht sein.

Auch auf Ihr Outfit sollten Sie achten. Tragen Sie keine verwaschene, ungebügelte oder schmutzige Kleidung. Kontrollieren Sie das unbedingt vor dem Spiegel. Frauen dürfen selbstverständlich Hosen tragen, sollten aber von Shorts die Finger lassen. Zu sexy darf es auf keinen Fall sein. Daher verzichten Sie besser auch auf zu viel Make-up und Schmuck. Männer sollten ihren klassischen Freizeitlook im Schrank lassen und zumindest auf bedruckte T-Shirts und Sandalen oder Flip-Flops verzichten. Eine Krawatte muss allerdings auch nicht sein. Sie müssen nur unbedingt gepflegt aussehen. Ein Besuch bei der Maniküre oder dem Friseur kann also nicht schaden.

Essen Sie vor dem Casting eine Kleinigkeit. Ein knurrender Magen lenkt Sie und die anderen Kandidaten ab. Knoblauch, Zwiebeln und andere Atemkiller meiden Sie natürlich an diesem Tag. Wenn Sie doch am Abend vorher auf die große Grillplatte beim Griechen nicht verzichten konnten, oder einfach nur heftig gebechert haben, dann kauen Sie unbedingt Pfefferminzpastillen. Schlimmer Atem kann Ihnen das Casting sonst versauen. Seien Sie unbedingt freundlich und lachen Sie viel. Eigentlich sollte das selbstverständlich sein, aber in der angespannten Situation vergisst man das manchmal. Schütteln Sie Hände, lächeln Sie andere Kandidaten und die Caster an. Blicken Sie allen Beteiligten am Tag Ihres Castings in die Augen. Das kann Ihnen den entscheidenden Sympathievorteil verschaffen.

Ihnen wird genauestens erklärt, was man heute von Ihnen erwartet. Sie dürfen die Caster auch zu jeder Zeit alles fragen. Verzichten Sie aber im Zweifelsfall eher darauf. Für die Mitarbeiter ist das ein anstrengender Tag und sie haben alle Fragen in ihrem Leben schon hundertmal gehört. Wenn Sie wirklich etwas nicht verstanden haben, warten Sie zumindest einen Moment. Vielleicht fragt ein anderer Kandidat und Sie sind nicht als „Nervensäge“ gebrandmarkt. Ohnehin sollten Sie sich bei diesem Termin nicht bei den Castern anbiedern oder auch nur unaufgefordert Small Talk machen. Trinken Sie einfach einen Kaffee, falls angeboten, und lehnen Sie sich gemütlich zurück. Kommen Sie unbedingt alleine zum Casting. Ihre Begleitperson wird sich ohnehin nur langweilen und Ihnen und allen Beteiligten auf die Nerven gehen.

Wenn Sie sich bei einem Quizshow-Casting befinden, wird man mit Ihnen jetzt einen Wissenstest durchführen. Sämtliche Castingteilnehmer sitzen in einem Hotelkonferenzraum und sind mit Quiz-Fragebögen und einem Stift bewaffnet. Einer der Teilnehmer bricht spätestens jetzt in Panik aus, weil sein Schreibgerät eben nicht funktioniert. Der Stift wird ausgetauscht und schon geht es los. Ein Mitarbeiter der Agentur stellt laut und deutlich Quizfragen und Sie notieren auf einem ausgeteilten Formular die passenden Antworten, oder häufig auch nur die Antwortbuchstaben bei Multiple-Choice-Fragen.

Sitzen Sie gerade, sonst wirken Sie müde. Strahlen Sie Selbstbewusstsein aus, aber wirken Sie nicht wie ein Streber.

Auch Abgucken beim Nachbarn kann Sie disqualifizieren, also Achtung! Daher sollten Sie auch nicht flüstern oder mit Ihrem Nachbarkandidaten sprechen, wenn der Caster etwas erklärt. Man könnte sonst denken, dass Ihnen die Teilnahme an der Show nicht so wichtig ist.

Die Testbögen werden nach Abschluss eingesammelt und ausgewertet. Nach einer kurzen Pause teilen die Veranstalter mit, wer es in die zweite Runde, das „Kameracasting" geschafft hat. Die restlichen Teilnehmer haben es diesmal nicht geschafft und können gehen. Bei einigen Agenturen sind diese Menschen dann auch für einen bestimmten Zeitraum (meistens ein halbes Jahr) für ein weiteres Casting gesperrt. Das wird zumindest immer wieder behauptet, ist in der Praxis aber eher unrealistisch. Bewerben Sie sich also ein paar Wochen später ruhig wieder für ein anderes Projekt.

Wenn Sie es nicht in die zweite Runde geschafft haben, gehen Sie an dieser Stelle mit Würde. Sie bekommen schon noch Ihre Chance im TV. Es kommt bei den Castings immer wieder vor, dass Teilnehmer ihren Wissenstest noch einmal ausgewertet haben möchten - oder sich lauthals beschweren. Das wirkt extrem peinlich, daher sollten Sie darauf verzichten. Es ist ein offenes Geheimnis, dass nicht nur der Test eine Rolle spielt, sondern die Caster schon mal eine kleine, natürlich subjektive, Vorauswahl in Bezug auf Ausstrahlung und Aussehen der Kandidaten treffen. Das ist niemals persönlich gemeint, sondern richtet sich nach den Anforderungen der Redaktion.

Falls Sie noch bleiben dürfen, haben Sie schon einen Fuß in der Tür und sind zum Kameracasting zugelassen. Freuen Sie sich, denn damit haben sich Ihre Chancen auf eine Teilnahme in der Show gerade vervielfacht!

Sie werden jetzt in der zweiten Runde gebeten, in die Kamera zu gucken und sich kurz vorzustellen. Da Sie das ja daheim schon geübt haben, sollte Ihnen das nicht schwerfallen.

Sagen Sie einfach Ihren Namen, woher Sie kommen, und erzählen vielleicht kurz über Ihre Hobbys oder, warum Sie in der Show gerne mitspielen würden. Danach stellen Ihnen die Caster oder Redakteure weitere Fragen zu Ihrer Person und Sie antworten darauf in ganzen Sätzen.

Häufig wird im Kameracasting auch schon die Show in einer Miniaturvariante nachgespielt. Zeigen Sie Spielfreude und Einsatzbereitschaft. Das würden Sie ja schließlich auch im Fernsehen so machen. Sie dürfen aber auf keinen Fall fluchen. Sparen Sie sich unflätige Bemerkungen, aber ärgern Sie sich ruhig bei einer falschen Antwort. Es ist völlig unerheblich, ob Sie diese kleinen Testspiele vor der Kamera gewinnen. Hier geht es ausschließlich um Ihre Ausstrahlung.

Sie sollten die kurze Vorstellung Ihrer Person schon daheim vor dem Spiegel üben. In jedem Fall werden Sie beim Casting darum gebeten. Da Sie an diesem Tag höchstwahrscheinlich etwas nervös sein werden, ist eine gute Vorbereitung alles. Sprechen Sie über ungewöhnliche Hobbys und Erlebnisse. Lassen Sie aber den Satz „Ich bin so wahnsinnig nervös!" weg. Das Gefühl haben die anderen Kandidaten auch – und die Caster hören das in jedem Interview immer wieder.

Sobald die Aufnahmen beendet sind, dürfen Sie heimwärts gehen. Bedanken Sie sich bei den Angestellten der Castingagentur und sagen Sie ruhig, dass Ihnen der Nachmittag großen Spaß gemacht hat.

Kapitel 3

Die Zusage

Nach dem Casting dauert es. Immer! Die Caster sichten das gesamte Material aus mehreren Städten von unfassbar vielen Castings. Dann wird in endlosen Sitzungen entschieden, welche Aufzeichnungen den Redakteuren der Sendung gezeigt werden. Dieses erste Ergebnis wird wieder gesichtet, diskutiert und ausgewählt. Rechnen Sie nach Ihrem Casting also durchaus mit einigen Monaten Wartezeit. Irgendwann wird aber eine telefonische Zusage erfolgen, die meistens noch einmal schriftlich – und/oder per E-Mail - bestätigt wird. Eventuell bekommen Sie direkt einen Aufzeichnungstermin mitgeteilt, vielleicht erhalten Sie aber auch einfach nur eine allgemeine „Sie sind dabei!"-Antwort ohne konkreten Termin.

In den folgenden Wochen werden Sie Redakteure anrufen und weitere Telefoninterviews mit Ihnen führen. Zudem wird man Ihnen exakt erklären, was man während der Aufzeichnung von Ihnen erwartet.

Ab diesem Zeitpunkt sollten Sie sich – zumindest bei einer Quizshow - akribisch vorbereiten. Sie müssen sich nicht durch die Encyclopædia Britannica kämpfen, aber beobachten Sie auch genau das aktuelle Zeitgeschehen. Lesen Sie am Montag den Spiegel und täglich mindestens eine Tageszeitung neben der Bild-Zeitung.

Zudem sollten Sie sich am Donnerstag mit den Klatsch-Gazetten ausstatten. Aktuelle Bestseller, die Kinohitliste und die deutschen Single-Charts müssen Sie beherrschen. Die Produzenten nehmen diese einfach recherchierbaren Fragen mit aktuellem Bezug sehr gerne, da ihre Shows so aktuell wirken. Aus diesem Grund sollten Sie sich auch täglich mindestens eine Nachrichtensendung - bevorzugt das Heute Journal oder die Tagesthemen - ansehen. Noch besser ist es, wenn Sie einfach den ganzen Tag einen Nachrichtenkanal nebenbei laufen lassen. Auch die Promi-Magazine der Sender (Exklusiv, Prominent, taff oder Brisant) sollten Sie sich ansehen.

Zudem müssen Sie über die kleinen „Aufreger“ und „Skandälchen“ in unserem Land informiert sein.

Überlegen Sie sich auch schon mal im Vorfeld, was Sie in der Show anziehen möchten. Die Kamera hat prinzipiell immer noch Probleme mit Outfits in weiß, schwarz, leuchtendem rot und kleinen Mustern (z.B. feine Streifen). Manchmal werden auch Shows in einem „virtuellen Studio“ aufgezeichnet. Dann stehen die Kandidaten einfach nur vor einer blauen oder grünen Wand, das Bühnenbild wird später im Computer ergänzt. Hier dürfen Sie dann natürlich keine blauen oder grünen Kleidungsstücke anziehen, da Sie sonst eben ein Teil des Bühnenbildes werden. In der Regel teilt Ihnen die Redaktion mit, was Sie nicht tragen dürfen.

Sie müssen zur TV-Aufzeichnung außerdem immer eine Auswahl an Outfits mitbringen. Redaktion und Kostümbildnerin wählen dann zusammen mit Ihnen aus.

Kümmern Sie sich unbedingt schon weit vor dem Aufzeichnungstermin darum, wie Sie zum Studio kommen. Sie benötigen eine detaillierte Wegbeschreibung oder ein gutes Navigationssystem. Sie werden meistens darum gebeten, dass Sie etwa drei Stunden vor dem geplanten Beginn der Aufzeichnung schon anwesend sein sollten, damit noch genug Zeit für die Vorbereitung und ein kleiner Zeitpuffer bleiben.

Zu Studioproduktionen dürfen Sie in der Regel auch einige Freunde oder Verwandte mitbringen, die dann im Publikum platziert werden. Rechnen Sie aber nicht damit, dass für alle Ihre Freunde auch noch das Hotel bezahlt wird. Sie müssen zudem jeden einzelnen Gast schon weit vor der eigentlichen Aufzeichnung bei den Produzenten der Show anmelden. Entwickeln Sie unbedingt ein Gespür dafür, ob weiteres Publikum wirklich willkommen ist. Wenn das so ist, dann bringen Sie Ihre Leute unbedingt ins Studio mit. Das sollten Sie gut planen und Ihre ausgewählten Fans rechtzeitig über den

Aufzeichnungstermin informieren. Wenn Sie ein paar bekannte Gesichter im Publikum sehen und intensiv unterstützt werden, sind Sie garantiert weniger nervös.

Schon am Tag vor Ihrem großen Auftritt können Sie möglicherweise nicht schlafen und sind sehr nervös. Bewahren Sie Ruhe und nehmen Sie auf keinen Fall irgendwelche chemischen Schlaftabletten oder Beruhigungsmittel. Sie werden am Aufzeichnungstag sonst immer noch etwas neben der Spur sein und sich abgekämpft fühlen. Hausmittelchen wie eine heiße Milch mit Honig, ein beruhigender Tee oder ein entspannendes Bad helfen Ihnen vielleicht.

Legen Sie sich schon einmal Ihren Personalausweis zurecht, das Sie diesen zur Aufzeichnung mitbringen müssen. Bei der Teilnahme an einer Quizshow sollten Sie sich unbedingt im Studio ausweisen können. Aber auch bei Drehs werden die Protagonisten immer häufiger um eine Bestätigung der Identität gebeten. So soll Betrug verhindert werden, da es manchmal vorkommt, dass sich Kandidaten oder Protagonisten mit falschen Daten anmelden. Manchmal werden Sie auch um die Angabe Ihrer Sozialversicherungsnummer gebeten. Diese können Sie zwar problemlos auch später noch nachreichen, aber die Vorlage am Aufzeichnungstag macht die Arbeit für alle Beteiligten einfacher.

Kapitel 4

Tag der Aufzeichnung

Stehen Sie pünktlich auf und nehmen Sie ein gesundes Frühstück zu sich. Gegebenenfalls halten Sie sich ja schon im Hotel am Produktionsort auf. Nehmen Sie sich etwas Obst mit Joghurt, ein Müsli und vielleicht auch ein Brötchen mit Käse. Die fettigen Spezialitäten sollten Sie heute nicht so interessieren, lassen Sie das „English Breakfast" besser weg. Auch, wenn Sie normalerweise morgens nicht essen, sollten Sie heute eine Ausnahme machen. Wenn Sie später ein mieses Catering erwischen, müssen Sie sonst tagsüber auf pappige Brötchen mit zu viel Butter und billigem Schinken zurückgreifen. Zusätzlich steht beim Fernsehen immer irgendwo ein Teller mit Süßigkeiten. Und mit diesem Mist sollten Sie sich nicht vollstopfen, damit Ihr Gehirn gut funktioniert.

Lesen Sie noch einmal Deutschlands großes Boulevardblatt, eine weitere Tageszeitung und sehen Sie sich die Nachrichten an. Danach fahren Sie ganz entspannt zum Studio. Vielleicht schickt die Produktionsfirma sogar ein Taxi für Sie.

Bei der Ankunft im Studio trennt man Sie relativ schnell von Ihren mitgebrachten Fans. Die Freunde bringt ein Gästebetreuer ins Publikumsfoyer. Sie selbst werden hinter der Bühne bis zur Sendung durch verschiedene Stationen „geschleift".

Wenn es eine Show mit weiteren Kandidaten ist, führt man Sie jetzt zu einem gemeinsamen Gästeraum, den moderne Fernsehmacher als „Green Room" bezeichnen. Dort müssen Sie mindestens eine Stunde warten, meistens sogar länger. Die Produzenten bauen immer einen möglichste großen Zeitpuffer ein, damit auch bei Verzögerungen (Stau, Zug verpasst, etc.) alle Kandidaten anwesend sind. Meistens lädt die Redaktion trotzdem noch einen Ersatzkandidaten ein. Dieser ist in der Regel darüber informiert, dass er heute höchstwahrscheinlich nicht bei der Aufzeichnung mitmachen kann. Gemein ist, wenn erst am Aufzeichnungstag der Ersatzkandidat unter allen Kandidaten ausgewählt wird. Auch das kommt vor, daher sollten Sie nicht zu enttäuscht sein, wenn es Sie trifft.

Sobald alle Kandidaten eingetroffen sind, begrüßt Sie der Redakteur der Sendung noch einmal offiziell und freut sich über Ihr Erscheinen. Sie können danach – und während des gesamten Aufzeichnungstages – Kaffee trinken, Brötchen essen und sich irgendwie im Gästeraum beschäftigen, denn auf den „Tag des Wartens“ müssen Sie sich beim Fernsehen einstellen. Es dauert lange, bis es wirklich losgeht. Bringen Sie sich daher Strickzeug, Bücher, Zeitschriften, ein Telespiel, Ihren mp3-Player oder einfach nur ihr aufgeladenes Smartphone mit. Ihnen wird sonst garantiert langweilig werden.

In den nächsten Stunden schaut vielleicht der Moderator der Sendung kurz vorbei. Das macht er meistens noch, bevor er in die Maske geht. Hier können Sie Ihre Stars also auch mal unrasiert und im Freizeitlook erleben. Der Moderator macht ein paar schale Witzchen und verschwindet relativ schnell wieder. Autogrammwünsche werden zu diesem Zeitpunkt erfahrungsgemäß mit einem „nach der Sendung“ abgeschmettert.

Kurz danach kommt ein Redakteur zu Ihnen und geht mit Ihnen Ihre Angaben noch einmal durch. Er sagt Ihnen in etwa, welche Angaben aus Ihrem Castingbogen in der Show verwendet werden, damit Sie dann darauf bei der Vorstellung eingehen können. Zudem versucht er, Ihnen ebenfalls die Nervosität zu nehmen und gibt Ihnen noch einmal die Möglichkeit, Fragen zu stellen. An dieser Stelle unterschreiben Sie auch einen Vertrag und treten bestimmte Rechte an die Produktion ab. Mit Ihrer Unterschrift bestätigen Sie außerdem, dass Sie mit keinem Mitarbeiter der Produktionsfirma verwandt sind und verzichten auf bestimmte Ansprüche gegenüber dem Produzenten. Von diesem Vertrag bekommen Sie eine Kopie ausgehändigt.

Wenn Sie eine professionelle Showproduktion erwischt haben, wird man Sie zudem mit den anderen Kandidaten schon lange vor der Aufzeichnung im Studio rumführen. Sie können sich alles ansehen und eine nette Gästebetreuerin nimmt Ihnen die Angst vor dem Rampenlicht.

Kurz vor der Aufzeichnung gehen Sie in die Maske. Dort sucht die Kostümbildnerin zusammen mit Ihnen das Outfit für die Sendung aus.

In der Regel können Sie den geschulten Augen der Dame vertrauen. Sobald Sie sich umgezogen haben, werden Sie abgepudert, da Sie im Scheinwerferlicht sonst zu sehr im Gesicht glänzen und ungepflegt wirken. Als Dame schminkt man Sie vielleicht noch mit weiteren Utensilien kameratauglich und kümmert sich auch um Ihre Frisur. Passen Sie ab jetzt unbedingt auf, denn die Fernsehschminke ist tückisch. Wenn Sie sich jetzt ins Gesicht fassen und danach an die Kleidung, ist Ihr Outfit ruiniert. Die Herren bekommen eine Art Serviette zwischen Hemdkragen und Hals geschoben, damit wenigstens dort keine Flecken entstehen. Das sieht albern aus, aber in Wahrheit bringt Sie das in eine Liga mit Raab, Gottschalk und Jauch, denn bei denen wird das auch so gemacht.

Jetzt sind Sie fast startklar fürs Studio. Sie werden, häufig vom Aufnahmeleiter, dort hingeführt und von einem Toningenieur verkabelt. Dazu wird ein kleines Mikrofon vorne, etwa in Brusthöhe, bei Ihnen angebracht und mit einem Sender, den Sie kurz über dem Popo tragen, verbunden. Sie geben eine kurze Sprechprobe ab. Sagen Sie einfach Ihren Namen und erzählen Sie, was Sie heute erlebt haben. Auf den Inhalt kommt es nicht an, es geht nur darum, dass in der Tonregie Ihr persönliches Mikro auf Sie eingestellt wird.

Während man Sie verkabelt, beginnt der Publikumseinlass. Die Zuschauer werden von Redaktion und Gästebetreuern „gesetzt". Das bedeutet, dass die attraktiveren Menschen auf jenen Plätzen sitzen dürfen, die besonders oft von der Kamera gefilmt werden, also meistens die ersten Reihen.

Sobald das Publikum sitzt, geht das Warm-Up los. In wenigen Fällen spricht der Moderator hier selbst erstmals sein Publikum an und macht ein paar Witzchen. Meistens tritt jedoch eine Art Animateur vor das Studiopublikum und unterhält nach bester Ballermann-Manier. So hatte Mallorca-Star Mickie Krause tatsächlich lange den Job als Einpeitscher für *Die Oliver Geissen Show*. Häufig hoffen die Warm-Upper darauf, dass Sie selbst einmal fürs Fernsehen entdeckt werden. Vera Int-Veen von *Schwiegertochter gesucht* ist das beispielsweise gelungen.

Das Warm-Up können Sie meistens auch hinter der Bühne hören. Das Publikum soll hier bewusst zum Ausrasten gebracht werden. Oft zeichnet man den Applaus beim Warm-Up auf und benutzt ihn später für die Sendung. Ansonsten singt das Publikum jetzt lustige Liedchen, darf im Takt klatschen und ausgewählte Zuschauer unterhalten sich mit dem Warm-Upper. Dieser stellt möglicherweise auch schon kurz die Kandidaten mit Namen vor und manchmal treten diese auch während des Warm-Ups auf die Bühne.

Gehen Sie jetzt in Gedanken noch einmal die wichtigsten Punkte durch. Kaugummi raus, nett zu den anderen Kandidaten sein, Spaß am Spiel haben und lächeln. Uff, das ist eine ganze Menge! Etwa in diesem Moment dürfte Ihre Aufregung daher auch auf dem Höhepunkt sein. Aber keine Panik: Schon in kurzer Zeit geht es jetzt los! Die Erkennungsmelodie der Show wird im Studio eingespielt, das Publikum johlt und Ihr großer Auftritt beginnt.

Jetzt können Sie endlich zeigen, was in Ihnen steckt! Hier beginnen Ihre Minuten des „Warholschen Ruhms“!

Kapitel 5

Die zehn Gebote im TV

1. Du sollst keine anderen Redakteure neben Deinem haben.

Achten Sie bei telefonischem Kontakt darauf, dass Sie es möglichst immer mit dem gleichen Ansprechpartner in der Redaktion zu tun haben. Bauen Sie eine persönliche Bindung auf und sprechen Sie „Ihren" Redakteur mit seinem Namen an.

2. Du sollst deine Gameshow-Karriere nicht missbrauchen.

Wenn Sie bereits in einer Gameshow waren – und jetzt auf den Geschmack gekommen sind, geben Sie bei weiteren Castings nicht mit Ihrer TV-Karriere an. Redakteure haben gerne „frische" Kandidaten und keine Gameshow-Profis. Wenn Sie ausdrücklich nach Ihrer bisherigen Laufbahn als Kandidat gefragt werden, sollten Sie Ihre Auftritte allerdings angeben.

3. Du sollst den Aufzeichnungstag heiligen.

Bereiten Sie sich auf die Show gut vor und planen Sie Ihre Anreise so großzügig, dass alle Schwertransporte, Superstaus, vereisten Tragflächen und Bahnverspätungen Ihnen trotzdem keinen Stress machen. Am Tag der Aufzeichnung erscheinen Sie in jedem Fall entspannt und ausgeschlafen im Studio. Nicht zu viel Kaffee und kein Alkohol vor der Show sollten da schon fast selbstverständlich sein.

4. Du sollst deinen Showmaster ehren.

Am Ende des Tages sind Sie nur der Kandidat. Der Star der Show bleibt der Moderator. Wenn Sie sich mit unlustigen Witzchen und miesen Anekdoten in den Vordergrund spielen, haben Sie in kürzester Zeit das Publikum – und den eigentlichen Star der Show - gegen sich.

5. Du sollst nicht berühmt werden.
Gehen Sie nicht davon aus, dass Sie durch Ihren Auftritt im Fernsehen ein Star werden. Freunde und Verwandte werden Sie sehen, man spricht Sie vermutlich auch auf der Straße an und eventuell berichtet eine Lokalzeitung über Sie. Aber: In ein paar Wochen ist der ganze Spuk wieder vergessen und Sie können in Ruhe Ihr sauer verdientes Geld ausgeben. Berühmt werden Sie aller Wahrscheinlichkeit nach als einfacher Kandidat oder Protagonist also nicht.

6. Du sollst nicht über deine Ehe sprechen.
Erzählen Sie im TV keine Details aus Ihrem Privatleben und schützen Sie Verwandte und Freunde. Nicht jeder freut sich, wenn der Schwager seine persönliche Lebensgeschichte vor Publikum ausbreitet. Manchmal sollten Sie bei den Fragen der Redakteure ganz genau hinhören, denn oft möchte man einfach, dass Sie intimste Details vor der Kamera erzählen.

7. Du sollst nicht stehlen.
Erwarten Sie zu diesem Gebot keine lustigen Wortspiele. Gemeint ist wirklich, dass Sie nicht stehlen sollten. Für die meisten Menschen ist das selbstverständlich, aber ich habe schon viele Mitkandidaten gehabt, die sich ein kleines „Souvenir“ aus dem Gästeraum mitgenommen haben. Ebenso verbieten sich Betrügereien bei der Reisekostenabrechnung.

8. Du sollst dir selbst kein falsches Zeugnis ausstellen.
Lügen Sie Redakteure auf keinen Fall an. Sie können Geschichten etwas aufbauschen und netter gestalten, aber denken Sie sich keine Räuberpistolen aus! Neben vielen Praktikanten und Quereinsteigern arbeiten beim Fernsehen auch immer noch Top-Journalisten. Wenn Sie erwischt werden, werden Sie von der Show ausgeschlossen!

9. Du sollst nicht begehren deines Nächsten Gewinn.
Mit den Strategien in diesem Buch haben Sie gute Chancen, aber eine Garantie auf den Gewinn bekommen Sie bei keiner Show. Gratulieren Sie also dem Gewinner und verbuchen Sie die ganze Nummer als Erfahrung. Als schlechter Verlierer werden Sie garantiert nie wieder eingeladen – und tauchen möglicherweise sogar noch mit ihrem peinlichen Auftritt bei *TV Total* auf.

10. Du sollst nicht begehren deinen eigenen Gewinn.
In Quiz Shows geht es selbstverständlich NUR um die Kohle. Sicherlich sind auch einige Profilneurotiker in lustigen Sprüche-Shirts oder doofen Hobby-Outfits in diesen Sendungen zu sehen, aber der Durchschnittskandidat möchte einfach absahnen! Ich empfehle ausdrücklich, dass man exakt dies nicht zu laut sagen sollte. Sie haben „Spaß am Spiel", sind „gespannt auf die Erfahrung" oder wollten „immer schon mal im Studio dabei sein." Also: Erscheinen Sie nicht gierig,- der Gewinn ist für Sie immer zweitrangig!

Kapitel 6

Nach dem Auftritt

Vielleicht haben Sie in einer Fernsehsendung das große Los gezogen und ganz viel Geld gewonnen. Zeigen Sie sich großzügig! Spenden Sie etwas von der Kohle und laden Sie Ihre Freunde zum gemeinsamen Ansehen Ihres Auftritts ein. Natürlich zahlen Sie die Getränke. In Zukunft sollten Sie aber jetzt genau hinsehen, damit man Sie nicht ausbeutet. Sie haben Ihren Gewinn öffentlich bezogen, daher werden die Menschen in Ihrem Umfeld schnellstens darüber informiert sein. Stellen Sie sich darauf ein, dass Sie in Ihrer Stammkneipe eine Lokalrunde ausgeben dürfen. Den großen Vorteil der Anonymität – wie bei den Lotto-Millionären - haben Sie also nicht. Stellen Sie sich darauf ein: auch wildfremde Menschen werden Sie ansprechen.

Wenn Sie richtig viel Geld gewonnen haben, wird der Sender garantiert Heiratsanträge und Bettelbriefe an Sie weiterleiten. Antworten Sie höflich – ohne Ihre Anschrift anzugeben. Die Bettelbriefe schmettern Sie ab, das sollten Sie allerdings mit dem Hinweis tun, dass Sie sehr viele Briefe erhalten haben und daher an eine gemeinnützige Organisation spenden. Schließlich können Sie nicht jedes Einzelschicksal überprüfen. Wie sie mit Heiratsanträgen oder Liebesbriefen umgehen, das müssen Sie natürlich selbst entscheiden. Prinzipiell sollten Sie sich überlegen, dass man natürlich nur Ihr Image aus dem Fernsehen kennt. Wenn Sie aber wirklich Interesse an einem Verehrer oder einer Verehrerin haben, antworten Sie per E-Mail. Besorgen Sie sich dazu eine kostenlose E-Mail Adresse im Internet. Wenn Sie Ihre echte Anschrift im Antwortbrief angeben, steht sonst vielleicht eine gestörte Person bei Ihnen vor der Tür. Warten Sie also erst einmal ab...

Es kann sein, dass sich auch die Presse auf Sie stürzt. Die Presseabteilungen der Sender sind „auf Zack“ und haben vielleicht schon einen Artikel über Sie in der Lokalzeitung lanciert. Spätestens jetzt wissen Sie, warum man im Studio ein Foto von Ihnen und dem Moderator vor dem Logo der Sendung gemacht hat. Wenn Sie in Berlin wohnen, interessiert Ihr Auftritt natürlich niemand. In den kleinen Gazetten auf dem Land ist man für die Pressemitteilung der Sender jedoch dankbar. Rechnen Sie auch nicht damit, dass ein Redakteur der Zeitung vor Abdruck auf Sie zukommt. Vermutlich werden Bild und Text einfach ohne Ihre weiter Zustimmung abgedruckt. Sie haben schon im Studio unterschrieben, dass Sie derartige Bildrechte abtreten.

Wenn Sie einen besonders spektakulären Auftritt hingelegt haben, kann es sein, dass man einen Prominenten aus Ihnen machen will. Prüfen Sie genau, ob Ihre potentiellen „Manager" seriös sind oder nur an Ihr sauer verdientes Geld aus dem Fernsehen wollen.

In Deutschland winken Ihnen maximal ein paar Wochen Ruhm, vielleicht dürfen Sie sogar in der Bild-Zeitung über dem Knick erscheinen. In den USA dagegen wurden aus Gameshow-Kandidaten schon echte Fernsehstars. So bekam der amerikanische *Jeopardy!*-Champion Ken Jennings diverse Angebote für die Moderation einer eigenen Quiz-Show. In Deutschland wird zumindest der *Schlag den Raab*-Gegner am Montag zu *TV Total* eingeladen und auch Wettkandidaten aus *Wetten, dass...?* schaffen es regelmäßig in Talkshows oder Sie schaffen es mal auf die Couch bei *Halli Galli*.

Möglicherweise hören Sie auch innerhalb kürzester Zeit von der Produktionsfirma. Als ehemaliger Kandidat einer Show werden Sie gegebenenfalls zur Aufzeichnung von Fernsehpiloten eingeladen. Für die Produktion dieser Testsendungen greift man gerne auf erfahrene Kandidaten zurück. Ihre Fernsehkarriere wird aber vermutlich in keinem Fall vorbei sein! Wenn Sie einmal erlebt haben, dass die Aufregung vor der Kamera einfach auch großen Spaß macht, werden Sie sich garantiert für eine weitere Sendung bewerben.

Kapitel 7

Testfragen

Wenn Sie sich für eine Quizsendung bewerben möchten, sollten Sie natürlich ein gutes Allgemeinwissen mitbringen. Anhand dieser Fragen können Sie sich selbst testen:

1. In der Spielshow Dalli Dalli rief Hans Rosenthal gerne „Das ist..."

A. ...super!
B. ...spitze!
C. ...der Hammer!
D. ...obergeil!

2. Wofür steht das „W" im Namen George W. Bush?

A. William
B. Werner
C. Winston
D. Walker

3. Die angenommene Selbstentzündungstemperatur von Papier liegt nach dem Romantitel von Ray Bradbury bei...

A. Fahrenheit 451
B. 308 Kelvin
C. 491° Rankine
D. 20° Celsius

4. Wie nannte sich der Manager von Elvis Presley?

A. Colonel
B. Captain
C. Lieutenant
D. General

5. Wo mündet die Ems in die Nordsee?

A. Dollart
B. Pfundt
C. Eurot
D. Liret

6. Wie heißt der Chef der Computerfirma Apple?

A. Kurt Arbeitsplatz
B. Steve Jobs
C. Hardly Working
D. Bill Gates

7. Welche Taste befindet sich auf der Computertastatur links neben dem „S"?

A. A
B. B
C. C
D. D

8. Hans-Jürgen Dohrenkamp ist besser bekannt unter seinem Pseudonym...

A. Jürgen Rüttgers
B. Jürgen von Manger
C. Robbie Williams
D. Jürgen von der Lippe

9. Welcher US-Bundesstaat wird als „Garden State" bezeichnet?!

A. New Jersey
B. New Hampshire
C. New Mexico
D. New York

10. Sein abgeschnittenes Ohr schenkte van Gogh...

A. ... einem Freudenmädchen
B. ... seinem Bruder
C. ... dem Käufer eines Bildes
D. ... dem Finanzamt

11. Eine berühmte Platte von Miles Davis trägt den Titel „Sketches of ...“

A. ... England
B. ... the USA
C. ... Spain
D. ... Turkey

12. Welches Gericht ist nach einer italienischen Königin benannt?

A. Pizza Margherita
B. Spaghetti Marinara
C. Vitello tonnato
D. Bruschetta

13. Wen erschoss John Wilkes Booth?!

A. Kaspar Hauser
B. John Lennon
C. Aristoteles Onassis
D. Abraham Lincoln

14. Ein Film mit Richard Gere trägt den Titel „Ein Offizier und...“

A. ... eine Lady
B. ... ein Gentleman
C. ... eine Dame
D. ... ein Herr

15. Was ist der Sackträger?

A. Vogel
B. Schmetterling
C. Kaninchen
D. Raubtier

16. Wer zieht sich gerne in einer Telefonzelle um?

A. Batman
B. Superman
C. Hellboy
D. Genschman

17. Ein Computerspiel trägt den Titel „Grand Theft..."

A. ... LKW
B. ... Segway
C. ... Fahrrad
D. ... Auto

18. Wie viele Finger haben die Simpsons an jeder Hand?

A. Drei
B. Vier
C. Fünf
D. Sechs

19. Was fehlt im Cocktail „Virgin Mary" in jedem Fall?

A. Tomatensaft
B. Sellerie
C. Zitronensaft
D. Wodka

Auflösung: 1B, 2D, 3A, 4A, 5A, 6B, 7A, 8D, 9A, 10A, 11C, 12A, 13D, 14B, 15B, 16B, 17D, 18B, 19D

Kapitel 8

Shows in Deutschland

Big Brother
Reality Show

Die erste Staffel von *Big Brother* spaltete damals die Nation: Medienkritiker und Moralisten waren über den „Menschenzoo“ entsetzt. Die Boulevardpresse goss ebenfalls ordentlich Öl ins Feuer – und der inszenierte Medienskandal war perfekt. Ein derartiges Medienecho konnte trotz wachsendem Ekelfaktor und immer neuen Ideen nie wieder generiert werden.

In der Mutter aller Reality Shows leben zehn Kandidaten über mehrere Monate in einem Fernsehstudio und stehen unter permanenter Beobachtung durch den Fernsehzuschauer. Ihr Tagesablauf wird durch verschiedene Aufgaben und Spielchen strukturiert. Je geringer die Einschaltquote ausfällt, desto erniedrigender sind die Aufgaben für die Bewohner. Das steht zwar so nicht im Konzept, die Erfahrung zeigt es aber mehr als deutlich. Die Stimme des Volkes – also eine Telefonabstimmung – entschiedet, wer das Haus verlassen muss. Der Letzte im Container (oder wie offiziell gesagt wird „im Haus“) bekommt die Gewinnsumme. Neben den „Tageszusammenfassungen“ am Vorabend zeigt der Sender einmal pro Woche die „Entscheidungsshow“.

Der Gewinner erhält 250.000€.

Warum sollte man hingehen?
Wenn Sie immer schon mal ins Fernsehen wollten, ist das hier Ihre Chance, denn mehr Sendezeit bekommen Sie als Kandidat in keiner anderen Show. Zudem haben Sie nach dem Ende der Show durchaus die Chance auf eine TV-Karriere vor der Kamera. Kandidat Zlatko aus der ersten Staffel hat einen Kinofilm gedreht und bekam eine eigene Realityshow bei RTL2. Jürgen Milski, Alida Lauenstein und Norman Magolei waren ebenfalls im „Container“ und dürfen jetzt 0137-Nummern und Anrufbefehle bei NeunLive in die Kamera schreien. Der riesige Hype um „Big Brother“ ist zwar schon

lange vorbei, aber für kleine Skandälchen und eine Karriere als B-Promi reicht es für die Insassen von Deutschlands berühmtester Wohngemeinschaft immer noch.

Warum sollte man es lassen?

Sie werden auch in intimsten Momenten von der Kamera nicht in Ruhe gelassen. Wenn Sie nackt duschen, wird das irgendwer garantiert ins Internet setzen. Ganz zu schweigen von diversen Techtelmechteln im Schlafzimmer. Hier kann eine Dunkelkamera ganz schön viel filmen. Stellen Sie sich zudem darauf ein, dass Sie der einzige Kandidat im Container sind, der mal ein Buch (nämlich dieses hier) in der Hand hatte.

Wenn Sie sich für eine Bewerbung entscheiden, dann müssen Sie unbedingt erkennen lassen, dass Sie Potential für eine ganze Staffel haben. Seien Sie interessant! Bringen Sie Ihre Lebensgeschichte schillernd rüber! Und: Lassen Sie erahnen, dass Sie noch ein paar Geheimnisse und charakterliche Abgründe mitbringen. Machen Sie sich im Container zum Depp oder Helden. Stecken Sie gemütlich die Kohle ein, aber lassen Sie Ihre Freunde und Verwandten so gut es geht aus dem Spiel. Diese werden von der Produktion ebenfalls interviewt, sind in den Entscheidungsshows im Studio und geben dann ihre Meinung zu Ihrem Leben im Studiocontainer ab.

Wenn Sie dunkle Geheimnisse in Ihrem Leben angehäuft haben, verbergen Sie diese gut, denn die Redakteure graben tief. Trotzdem müssen Sie sich darauf einstellen, dass Ihr Umfeld durchleuchtet wird und Leichen aus dem tiefsten Keller an die Öffentlichkeit gezerrt werden. Leider ist es schon fast obligatorisch, dass Freunde und Verwandte von Ihnen zum Talk in die begleitende Studiosendung eingeladen werden. Die Nummern von Ihren Intimfeinden sollten Sie der Produktion also besser nicht in die Hand geben. In der Sendung sollten Sie sich generell nicht provozieren lassen. Die Produktion wird es mit miesen Spielen und

Aufgaben versuchen – und auch das Konfliktpotential unter den Kandidaten ist nicht zu unterschätzen. Wenn Sie dann ausrasten, wählen die Zuschauer Sie garantiert raus – oder machen Sie zum Champion. Sympathiepunkte bekommen Sie dafür aber nicht. Und: Wundern Sie sich nicht, wenn die Öffentlichkeit ein falsches Bild von Ihnen bekommt. Die Kameras laufen 24 Stunden. Das Material wird zu einer Art Soap von 48 Minuten zusammengeschnitten. Die Stunde am Vorabend kann das Leben im Containerstudio nicht abbilden. Sie werden auf keinen Fall „realistisch" (was immer das sein soll) im Fernsehen dargestellt werden.

Date oder Fake?

Reality Show

Ähnliche Konzepte laufen in vielen Ländern, denn diese Show ist für alle Beteiligten (Produktionsteam, Protagonisten) ein schöner Kurzurlaub in sonniger Kulisse.

Eine sehr attraktive Dame trifft in dieser Show auf drei Jungs, die alle um ihre Gunst kämpfen. Gemein: Nur einer der drei männlichen Kandidaten ist ebenfalls Single. Die anderen beiden sind vergeben, einer hat eine Freundin, der andere Mitspieler hat einen Freund. In Fragerunden und Spielen versucht die Kandidatin jetzt herauszufinden, wer schwul, vergeben – oder eben das potentielle Traumdate ist! Gelingt ihr das, hat sie den Geldgewinn und ein Date mit dem Single. Wenn sie aber auf einen der anderen beiden Jungs tippt, darf dieser das Geld behalten – und kann sich einen schönen Abend mit seinem Partner machen.

Hier kann man 500 Euro und ein Traumdate abstauben.

Warum sollte man hingehen?

Die Kandidaten sind hier mal wirklich attraktiv. Auch, wenn

Sie die 500 Euro nicht absahnen, so findet zumindest der Dreh in traumhafter Urlaubsatmosphäre statt. Wenn Sie das clever anstellen, können Sie vielleicht noch ein paar Tage privaten Urlaub dranhängen.

Warum sollte man es lassen?

Die ganze Nummer ist eine oberflächliche Veranstaltung mit höchst peinlichen Spielen aus der untersten Teenie-Schublade.

Hinweise zur Bewerbung

Sie müssen sehr jung und attraktiv sein, wenn Sie es als Kandidat in diese Show schaffen wollen. Haben Sie also die 18 gerade erst knapp überschritten und sind mit einem Waschbrettbauch ausgerüstet, steht Ihrer Bewerbung nichts im Wege. Schicken Sie hier guten Gewissens ein Foto von sich in Shorts mit. Die Sendung wirkt nicht immer ganz echt, vermutlich aufgrund eines geringen Produktionsbudgets. Eine echte Strategie kann man hier daher nicht empfehlen.

Verlassen Sie sich auf Ihre Menschenkenntnis – und haben Sie einfach möglichst viel Spaß beim Balztanz. Die anderen Kandidaten werden vermutlich niemals den Nobelpreis bekommen – oder auch nur einen Buchstabierwettbewerb für Grundschüler gewinnen. Das hier ist eher die Balztanzshow des Volleyball-Leistungskurses. Erwarten Sie also keine intellektuellen Meisterleistungen, sondern Talk über Sonnenbänke und das Auslandsjahr in Neuseeland.

Dings vom Dach

Comedy

Wenn Ihnen Hella von Sinnen zu schrill ist und Sie nicht so auf Werbeunterbrechungen stehen, dann ist *Dings vom Dach* möglicherweise Ihre Show. Die Sendung ist eine Art *Genial daneben* mit Requisiten. Mit einer ähnlichen Nummer ist Dieter Nuhr bei RTL gnadenlos untergegangen, im Hessischen Rundfunk scheint es aber zu funktionieren.

Fernsehzuschauer dürfen Ihre rätselhaften Gegenstände einsenden und Moderator Thomas Balou Martin präsentiert diese seinem vierköpfigen Promi-Rateteam. Mittlerweile moderiert die Sendung Sven Lorig. Die Stars versuchen zu erraten, was die Funktion dieser Gerätschaften ist. Dazu wird der Gegenstand unter den Prominenten weitergereicht und begutachtet. Wenn das Rateteam mit einem Tipp richtig liegt, geht der Einsender leer aus. Sollte die Prominenten die Lösung nicht erraten, erhält der Besitzer des „Dings“ 100 Euro.

Das Rateteam wechselt, unter den Prominenten sind häufig Bärbel Schäfer, Gaby Decker, Achim Winter, Tanja Schumann, Bodo Bach, Armin Maiwald und Matze Knop.

Zusätzlich zum Studioteil ist in Einspielern die hessische Landfrau Ilse Ruckelshaußen zu sehen. Sie präsentiert – unabhängig von den Gegenständen der Zuschauer – regionale Gerätschaften und lässt die Promis darüber grübeln. Die Auflösung erfolgt dann wenig später in einem zweiten Film.

Gewinn: 100 Euro

Warum sollte man etwas einsenden?
Die Sendung läuft ausschließlich im dritten Programm des Hessischen Rundfunks. So viele Menschen schicken Ihre Gegenstände nicht ein, daher haben Sie mit einem ungewöhnlichen Gerät tatsächlich eine gute Chance auf den Gewinn.

Warum sollte man es lassen?
Für 100 Euro müssen Sie recherchieren, Gegenstände durch Deutschland schicken und hoffen, dass das schlaue Rateteam in ihrem Fall versagt. Das ist schon viel Aufwand für relativ wenig Geld.

Sie wollen aber trotz allem in die Sendung? Tragen Sie sich unbedingt in das Formular auf der Homepage ein und fragen Sie nach, ob man an Ihrem Gegenstand ein Interesse hat. Machen Sie ein Foto, laden Sie das im Internet hoch – und schicken Sie den Link zu diesem Bild im Formular mit. Sie können das Bild auch einfach per E-Mail senden oder an die Postanschrift. Schicken Sie unverlangt keine Gegenstände ein. Wenn Sie exakt so vorgehen, dann ist der Aufwand für die 100 Euro noch überschaubar.

Forschen Sie nach alten und ungewöhnlichen Dingen auf Ihrem Dachboden – oder fragen Sie mal bei Oma nach, ob die nicht noch seltsame Gerätschaften von früher hat. Vielleicht arbeiten Sie ja auch in einem ungewöhnlichen Beruf und haben mit seltsamen Gegenständen zu tun. Auch diese können Sie (zunächst nur als Foto) einsenden.

Das Duell im Ersten

Quizshow

Im Duell Zuschauer gegen Stars geht es an vier Tagen um 20.000 Euro. Für die ARD und Moderator Florian Weber geht es allerdings um nicht weniger als die Rettung des ARD-Vorabends. In den letzten Jahren reihten sich auf diesem Sendeplatz die Flops nur so aneinander. Es wurde gekuppelt in *Ich weiß, wer gut für dich ist* oder gestylt in *Bruce* mit Bruce Darnell und auch eine Serie *Eine für alle - Frauen könnens besser* hat man hier ausprobiert. Allein der Zuschauer wollte nichts von diesen Angeboten so recht annehmen. Daher soll es jetzt Florian Weber mit einer Sendung richten, die deutlich an eine runtergebrochene Version von *Schlag den Raab* erinnert.

In jeder Ausgabe der Show spielt ein Zuschauer gegen einen (mehr oder weniger) prominenten Gegenspieler in zehn Runden. Pro Runde gibt es jeweils eine Frage oder eine kleine Aufgabe zu lösen. Wer schneller buzzert und richtig antwortet, erhält die Punkte. Für die erste Aufgabe gibt es zehn Punkte, für die zweite Aufgabe schon 20 Punkte und für die Beantwortung der letzten Aufgabe 100 Punkte.

Die 20.000 Euro erhält der Kandidat mit dem höheren Punktestand. Sollte der Promi gewinnen, spendet er natürlich für einen guten Zweck.

Gewinn: 20.000 Euro

Warum sollte man hingehen?
Nach einer knappen halben Stunde gehen Sie vielleicht mit 20.000 Euro nach Hause! Zudem sind Publikum, Moderator (und manchmal sogar der Gegenspieler) auf Ihrer Seite.

Warum sollte man es lassen?
Am ARD Vorabend spielen Sie natürlich nicht gegen Gottschalk (zum Glück nicht mehr) und Schmidt, sondern die üblichen Verdächtigen aus unteren Promi-Kreisen. Wenn Sie das nicht weiter stört – und Sie auch mit möglichen Kommentaren Ihres Gegenspielers über Sie keine Probleme haben, können Sie hier getrost antreten.

Sie sollten sich entweder schriftlich beim Sender bewerben – oder Sie füllen den Bewerbungsbogen auf der Homepage der Castingagentur Mediabolo aus. Von der Das Duell-Homepage werden Sie dahin weitergeleitet. Die Agentur veranstaltet dann ein klassisches Casting und fertigt ein Video von Ihnen an. In den ersten Folgen der Show wurden sehr klischeehafte Kandidaten ausgewählt. Darunter waren eine Blondine mit besonders hohem IQ und ein dicker Bauer, der natürlich noch eine Bäuerin suchte und astreines Plattdeutsch sprach. In der ersten Ausgabe der Show setzte man sogar auf eine Nonne, die bereits vorher in einer anderen Sendung zum NRW-Quizchampion gekürt wurde. Sie könnten hier also auch mit einer Vergangenheit als Quiz Show-Kandidat erfolgreich sein. Moderator Florian Weber ist auf Ihrer Seite.

Das Studiopublikum unterstützt Sie nicht nur ebenfalls, sondern Sie haben es buchstäblich im Rücken. Auch der Promi will in den meisten Fällen, dass Sie das Geld mitnehmen. Hören Sie also auf dezente Hinweise, Wortspiele des Moderators mit der versteckten Lösung und trauen Sie sich gleich bei den ersten Fragen mit einer schnellen Antwort. Zunächst gibt es zwar nur wenige Punkte, aber diese Punkte führen Sie möglicherweise zum schnelleren „Matchball"-Spiel – und damit dem Gewinn der 20.000 Euro.

Auch, wenn Sie in der Show mit Ihrem Punktestand weit zurückliegen, sollten Sie auf keinen Fall aufgeben. Zum einen können Sie später noch extrem aufholen, da der Gewinn dieser Show erst sehr spät wirklich entschieden ist. Zum anderen haben Sie auch als Verlierer immer noch die Chance auf einen kleinen Gewinn. Viele Prominente teilen mit Ihnen das Geld – oder geben Ihnen zumindest einen kleinen Teil ab.

Einsatz in 4 Wänden – Spezial

Deko-Soap

Auch wenn es im Moment nicht auf Sendung ist, möchte ich doch dieses Format erwähnen. Außerdem wird es immer wieder Makeover-Formate im TV geben. Ursprünglich als tägliches Format gestartet, widmet sich Tine Wittler mit dem Zusatz „Spezial“ jetzt besonders krassen Fällen von Wohnproblemen. Hier sieht man wirklich die allerschlimmsten Behausungen der Bundesrepublik und gönnt den Hausbesitzern eine Renovierung von ganzem Herzen. Wittler packt hier an: Mit ihrem Team entrümpelt sie Messie-Häuser, motzt baufällige Uraltruinen auf und hilft sozial schwachen Familien bei einer Komplettrenovierung. Dabei wird auf die individuellen Bedürfnisse der Bewohner viel Rücksicht genommen und manchmal gibt es auch kleine Extras wie einen Kamin, individuell gestaltete Kinderzimmer oder bestimmte Einrichtungsgegenstände nach den Wünschen der Familie.

Während der Renovierungsarbeiten dürfen die Bewohner ihr Anwesen nicht betreten. Sie werden ausquartiert und erst bei der Fertigstellung mit dem neuen Haus überrascht. Dazu geht Tine Wittler mit allen Beteiligten durch das runderneuerte Anwesen und präsentiert jedes einzelne Zimmer als Überraschung.

Ihr Gewinn: Eine komplette Hauseinrichtung mit allen notwendigen Umbauarbeiten und einer Renovierung. Es kam sogar schon vor, dass Wittler das alte Haus einfach abgerissen hat – und ein kompletter Neubau errichtet wurde.

Warum sollte man hingehen?
Wenn Sie die erforderlichen Umbauarbeiten selbst bezahlen würden, müssten Sie ein Vermögen ausgeben. Zudem ist sehr praktisch, dass Sie mit der Produktion relativ wenig zu tun haben. Machen Sie sich einfach ein paar schöne Tage, während RTL Ihr Haus auf den Kopf stellt.

Warum sollte man es lassen?
Böse Zungen behaupten, dass die Häuser nach Wittlers Besuch noch schlechter aussehen. Zumindest stammt die komplette Neueinrichtung vom schwedischen Möbelhaus mit dem leckeren Hot Dog-Stand. Der Stil gefällt sicherlich nicht

jedem und bei der Auswahl der neuen Möbel haben Sie kein Mitspracherecht. Und dann wäre da noch das Problem mit der Steuer. Sie bekommen ganz schön viele Geschenke. Diesen Wert muss man versteuern. Man spricht von einem geldwerten Vorteil. Das teilt Ihnen die Produktionsfirma aber nicht mit. Wahrscheinlich, weil sie keine Steuerexperten sind. Da gab es schon bei vielen Formaten dieser Art ein böses Erwachen. Bei *Mein Restaurant* (Vox) verschenkte man unter anderem Autos. Nur leider konnten sich die Kandidaten die fällige Steuer ein Jahr später gar nicht leisten.

Zudem handelt es sich bei *Einsatz in 4 Wänden - Spezial* nicht nur um eine „Deko-Soap“ (RTL Eigenwerbung), sondern eben auch um eine Doku-Soap. Persönliche Schicksale und private Details werden hier so verdichtet, dass man sich bei der Ausstrahlung möglicherweise nicht zu 100% wiedererkennt.

Vergessen Sie nicht, dass Sie hier fremde Menschen ins Haus lassen, die Ihre persönlichsten Gegenstände durchwühlen und diese gegebenenfalls auch entsorgen.

Ihre Bewerbung wird nur erfolgreich sein, wenn Ihre aktuellen Wohnprobleme Sie wahnsinnig machen und wirklich schlimm sind. Es muss bei Ihnen wirklich richtig heftig aussehen; für normale Menschen darf Ihr Haus eigentlich nicht mehr bewohnbar sein. Wenn es bei Ihnen also gebrannt hat, Sie in einer Ruine leben oder einen schlimmen Schicksalsschlag in Zusammenhang mit dem Haus erlebt haben, können Sie auf Wittlers Helfer hoffen.

Sie sollten außerdem mit mindestens (!) drei Personen in Ihrem Haus leben. So kann die Produktion die spannenden Überraschungsmomente mit mehreren Menschen ins Bild rücken. Senden Sie unbedingt schon in der Bewerbung mehrere Fotos von Ihrem Alptraumhaus mit - und erklären Sie, warum Sie wirklich dringend Hilfe benötigen. Sie können natürlich auch einen kurzen Film mit Ihrem Camcorder anfertigen. Zudem fügen Sie Fotos von allen Bewohnern bei. Aus Ihrer Bewerbung muss unbedingt Verzweiflung hervorgehen!

Wenn Sie es dann in die Sendung geschafft haben, lassen Sie sich nicht Ihre privaten Geheimnisse entlocken. Die Zuschauer glotzen gerne auf schlimme Schicksalsschläge und persönliches Elend. Sie sollten dem Sender durchaus dankbar für Ihre neues Haus sein. Tauschen Sie aber auf keinen Fall Ihr Privatleben dafür ein.

Familienbande – Wer gehört zum Wem?

Quizshow

Menschenkenntnis und ein Gespür für verwandtschaftliche Beziehungen sind in Ingo Oschmanns Familienspielshow gefragt. Acht Elternteile und acht Kinder stehen auf getrennten Podesten und müssen zugeordnet werden.
Der Kandidat erhält ein Startkapital von 2.500 Euro und sucht in der ersten Runde drei Elternteile aus. Diese geben ihm einen subtilen Hinweis auf den Charakter oder das Aussehen ihres Kindes. Wenn der Kandidat Elternteil und Kind richtig zuordnen kann, darf er sein Geld behalten. Für jede falsche Antwort werden ihm 250 Euro abgezogen. Die zweite Spielrunde funktioniert fast genauso. Hier werden dem Kandidaten allerdings pro falscher Antwort gleich 500 Euro abgezogen und ein Zufallsgenerator sucht die Elternteile aus.

In den ersten beiden Runden kann der Kandidat dreifach auf einen Joker zurückgreifen: Er bekommt einen Hinweis zum gesuchten Kind nach dem Motto „Mein Sohn ist Weltmeister im Seilspringen!“, darf seinen Verdacht daraufhin überprüfen und muss erst dann seine Antwort „einloggen“.

Die dritte Runde kostet den Kandidat pro falscher Antwort schon 750 Euro. Hier muss der Spieler den zweiten Elternteil zu einem bereits erratenen Kind unter vier Personen herausfinden. Zu dieser Familie gehören zwei weitere Kinder, die der Kandidat in der letzten Spielrunde zuordnen muss.

Hier setzt er einen bestimmten Betrag seiner Summe ein – und kann diesen verdoppeln oder komplett verlieren. Wenn er sein gesamtes Startkapital noch hat (und vollständig einsetzt) hat er also die Möglichkeit auf den Gewinn von 5.000 Euro.

Gewinn: maximal 5.000 Euro sind möglich.

Warum sollte man hingehen?
Hier kann man sich klassisch nicht(!) blamieren, da natürlich niemand die Verbindungen der Familie kennen kann. Die ganze Veranstaltung ist ein harmloses Familienprogramm des WDR mit guten Chancen auf ein paar Euro.

Warum sollte man es lassen?
Mit einem Comedian als Moderator muss man immer damit rechnen, dass kleine Seitenhiebe gegen die Kandidaten ausgeteilt werden. Wer nicht über sich selbst lachen kann, sollte von einer Bewerbung also eher absehen.

Falls Sie sich bewerben möchten, reicht hier einfach eine E-Mail mit einem schönen Foto und ein paar guten Geschichten über sich. Hier kann es sicherlich nicht schaden, wenn Sie dem WDR erklären, warum ausgerechnet Sie ein wunderbarer Familienmensch sind, der bestens in Oschmanns Show passt. Loben Sie also ihre Oma und schildern Sie die wunderbaren Weihnachtsfeste in Ihrer Traumfamilie!

Hier gönnt Ihnen jeder den Gewinn. Das etwas ältere Publikum im Studio, der Moderator und auch die anwesenden Familien. Hören Sie genau hin! Mit den hilfreichen Tipps finden Sie häufig auch ohne vorherige Ahnung die passenden

Paarungen. Im Finale sollten Sie nicht zu gierig sein. Setzen Sie einen Teil der Summe, aber eben nicht alles, sonst gehen Sie vielleicht leer aus.

5 gegen Jauch

Quiz

Eigentlich stellt Günther Jauch in *Wer wird Millionär* seinen Kandidaten die Fragen. Hier muss er selbst ran. RTL ruft ganz Deutschland zur Einsendung von Fragen an Deutschlands beliebtesten Fernsehstar auf. Diese muss Jauch dann als Kandidat in *5 gegen Jauch* beantworten. Oliver Pocher hat dazu fünf Fragensteller eingeladen, die Günther Jauch ihre persönlichen Quizfrage stellen dürfen. Die eingesandte Quizfrage der Kandidaten wird als „goldene Frage" in der Show behandelt. Zusätzlich wählen die Kandidaten aus einigen Vorschlägen vier weitere Fragen aus. Jede Frage hat vier Antwortmöglichkeiten, von denen natürlich nur eine richtig ist. Die Kandidaten stellen Jauch diese Quizfragen in einer von ihnen festgelegten Reihenfolge. Für jede falsche Antwort von Jauch erhält der Kandidat 10.000 Euro.

Sobald Günther Jauch eine Frage beantworten kann, scheidet der Kandidat aus – und geht mit leeren Händen nach Hause. Das bis dahin erspielte Geld wandert in den Jackpot. Den Jackpot erhält ein Kandidat, wenn er Jauch besiegt, dieser also die fünf Fragen des Kandidaten nicht beantworten kann. Als kleine Sicherheit können die Kandidaten ihre „goldene Frage" einsetzen. Wenn Jauch keine Antwort auf sie geben kann, sichert sich der Kandidat das bis dahin erspielte Geld.

Damit Jauchs Chancen etwas erhöht sind, hat er fünf Joker zur Verfügung. Er kann mit dem „Umfragejoker" das Publikum zweimal direkt als Ratgeber befragen. Zwei Telefonjoker ermöglichen ihm, den Bekannten eines Studiozuschauers anzurufen. Zudem darf Jauch einmalig im Internet nach der richtigen Antwort suchen. Nur, wenn der Kandidat seine „goldene Frage“ einsetzt, darf Jauch keinen Joker verwenden.

Gewinn: bis zu 250.000 Euro können Sie hier abzocken!

Warum sollte man hingehen?
Mit so unglaublich wenig Aufwand (Frage an RTL senden) kommt man nirgendwo zu so viel Geld.

Warum sollte man es lassen?
Der Moderator der Sendung ist Oliver Pocher. Rechnen Sie mit schalen Scherzen, die Sie direkt unter die Gürtellinie treffen.

So, wie kommen Sie jetzt in die Sendung? Sie brauchen eine möglichst originelle Frage! Mit „Wer schrieb Goethes Faust?“ schaffen Sie es nicht in die Sendung. Wenn Sie sich in einem bestimmten Bereich gut auskennen, stellen Sie eine skurrile Fachfrage. Ähnlich wie bei Genial daneben werden hier auch doppeldeutige Fragen mit kleinen Anzüglichkeiten gerne genommen. Passen Sie zudem beim Formular auf rtl.de gut auf. Das ist Ihre Eintrittskarte zu der Kohle. Schreiben Sie also bei Hobbies nicht „Reiten, Schwimmen, Lesen“, sondern witzige Geschichten über Ihre Freizeitgestaltung. Das gilt auch bei den anderen Feldern. Fassen Sie sich aber trotzdem kurz.

Die Kandidaten stehen hier extrem im Vordergrund. Sie werden immer wieder dazu aufgefordert, dass sie eine kleine Geschichte aus Ihre Leben erzählen. Überlegen Sie sich also vorher schon, wie Sie sich in der Show verkaufen wollen. Gegen Jauch sollten Sie nicht sticheln, das wirkt immer eher uncool. Gegen Moderator Oliver Pocher können Sie - originell - ruhig austeilen, da auch er Ihnen zwischendurch einen kleinen Spruch mitgibt. Zur Taktik im Spiel kann man eigentlich keine Ratschläge geben. Überlegen Sie sich einfach, wie risikofreudig Sie sind. Dementsprechend können Sie mit der „goldenen Frage" Ihren Gewinn bunkern.

Die 5 Millionen SKL-Show

Lotterieshow

Diese Show ist von der Süddeutschen Klassenlotterie. Die Kandidaten sind ausschließlich Losbesitzer. Und so funktioniert es: Günther Jauch (RTL) stellt seinem SKL-Kandidaten eine Frage. Der Kandidat darf allerdings nicht selbst antworten, sondern gibt seine Frage an einen der fünf prominenten Gäste weiter. Pro Frage wird ein Star dazu per Zufallsgenerator ausgewählt. Der Kandidat entscheidet jetzt, ob dieser Promi die Frage beantworten soll. Alternativ kann er auch einen von drei Jokern einsetzen. Alle Promis beraten sich, er wählt einen konkreten Promi direkt aus und der Zufallsgenerator wird erneut in Gang gesetzt. Wenn die Frage richtig beantwortet wurde, darf der Kandidat weiterspielen.

Mit jeder richtigen Antwort erhöht sich sein Geldbetrag um weitere 5.000 Euro. Der Kandidat kann jederzeit aussteigen und sein Geld bunkern, denn sobald eine Frage falsch beantwortet wird, gewinnt er lediglich sein Startkapital in Höhe von 5.000 Euro. Verschiedene Spieler kämpfen auf diese Art nacheinander um viel Geld. Der Kandidat, der den höchsten Geldbetrag erspielen kann, gewinnt nicht diesen, sondern geht als fünffacher Millionär nach Hause!

Die prominenten Gäste wechseln. Regelmäßig zu sehen waren bisher beispielsweise Hellmuth Karasek, Hella von Sinnen, Marcel Reif, Anke Engelke, Ottfried Fischer und Barbara Schöneberger. Zu Ihnen gesellt sich neuerdings ein Zuschauer, den eine Boulevardzeitung zusammen mit Hellmuth Karasek auswählt (im September 2015 verstarb Helmuth Karasek). Da die Sendung nach Ansicht der niedersächsischen Landesmedienanstalt nicht mit dem Glücksspielstaatsvertrag zu vereinbaren ist, muss RTL derzeit auf eine Ausstrahlung im TV verzichten. Dies könnte sich in Zukunft wieder ändern. Bis dahin ist die Show online auf www.skl.de zu sehen.

2014 wagte sich dann der Sender SAT1 an die SKL-Show. Steven Gätjen war der Moderator. Nach einem Quotendesaster ist es bislang bei dieser einmaligen Sache geblieben. Es bleibt also erst einmal bei einer Show im Netz. Das kann auch ein Trend sein :-) Der Gewinn bleibt immer der Gleiche.

Gewinn: 5.000.000 Euro

Warum sollte man hingehen?
Wenn Sie hier eingeladen werden, kümmert sich die SKL wirklich fürstlich um Sie. Und selbst in der Show können Sie relativ entspannt spielen, da Sie selbst nichts wissen müssen.

Warum sollte man es lassen?
Fünf Millionen Euro rufen die Neider reihenweise auf den Plan. Die SKL hat auch Bankberater vor Ort. Ganz unverbindlich können Sie sich beraten lassen. Wie so oft im Leben gilt auch hier, jedes Angebot genau zu prüfen.

Wie komme ich in diese Show? Sie können sich für diese Show NICHT bewerben. Die Teilnahme an der Sendung wird unter den SKL-Losbesitzern per Zufall ausgewählt. Ihre Chancen sind nicht besonders groß. Wenn Sie es trotzdem versuchen möchten, müssen Sie sich ein Los bestellen.

Bei dieser Sendung geht es wirklich nur um Glück. Selbst mit Ihren Jokern können Sie nicht so besonders gut taktieren. Sie sollten sich aber vor der Sendung näher mit den Biographien der anwesenden Promis beschäftigen.

So können Sie zumindest ein Gefühl dafür entwickeln, welcher Star sich in einem konkreten Fachgebiet besonders gut auskennt.

Wenn Sie ein Los kaufen wollen, machen Sie das möglichst schnell. Da die Sendung nicht im TV ausgestrahlt wird, bekommen aktuell auch weniger Menschen mit, dass Sie plötzlich Multimillionär sind.

Genial daneben

Comedy

Das Konzept der Show ist denkbar einfach: Fünf Comedians versuchen, die Antworten auf Fragen der Zuschauer zu finden. Für jede Frage, die nicht beantwortet wird, erhält der Einsender 500 Euro. Als Fragensteller der Zuschauer moderiert Hugo-Egon Balder. Im Rateteam sitzen immer Hella von Sinnen und Bernhard Hoëcker. Zu den beiden gesellen sich Deutschlands beste Comedians. So sind Anke Engelke, Bastian Pastewka, Oliver Kalkofe, Helge Schneider, Oliver Welke, Barbara Schöneberger und Olli Dittrich regelmäßig zu sehen. Zudem gibt Balder auch immer mal wieder einem talentierten Nachwuchscomedian einen Platz in der Runde.

Bei *Genial daneben* lohnt unbedingt auch ein Besuch im Studio. Wenn Sie eine beliebige Fernsehshow in Deutschland als Zuschauer aufsuchen, müssen Sie erst stundenlang in einem hässlichen Foyer warten. Erst danach geht es ins Studio und ein „Warm-Upper" unterhält Sie auf Basis einer gut abgehangenen Cluburlaubsanimation. Bei *Genial daneben* ist alles anders: Sie müssen zwar auch in einem hässlichen Foyer warten, aber es gibt Kölsch. Zudem können Sie vor der Sendung hier ein Kärtchen mit Ihrer Frage für die Show ausfüllen und so mit 500 Euro nach Hause gehen. Sobald Sie im

Studio Platz genommen haben, kommt Hugo-Egon Balder, der übrigens eigentlich Egon-Hugo heißt, und bereitet das Publikum höchstpersönlich auf die Show vor. Alleine das ist höchst anständig und zeigt einmal mehr, dass er der am meisten unterschätzte Mann im deutschen Fernsehen ist. Nach einigen Minuten tritt das Rateteam auf und es geht sofort mit der Aufzeichnung los. Dabei haben Sie auch im Studio eine tolle Sicht und denkbar viel Spaß.

Gewinn: 500 Euro

Warum sollte man hingehen?
Wenn Sie im Studiopublikum sitzen, haben Sie garantiert einen schönen Abend, denn die Sendung ist wirklich unterhaltsam und überraschend. Auch mit einer einfachen Einsendung per Email haben Sie die Chance auf 500 Euro. Gemessen am Aufwand ist der Ertrag hier sehr gut.

Warum sollte man es lassen?
Die Chancen auf einen Gewinn sind nicht so besonders hoch, da die Redaktion natürlich sehr viele Fragen erhält. Zudem müssen Sie auch mit Witzen im Stil von „die finnische Regierung weist darauf hin, dass man alte Lappen nicht wegwerfen sollte!“ rechnen.

Wenn Ihre Frage es schaffen soll, dann geben Sie mindestens zwei Quellen zu Ihrer Frage an. Sie erleichtern dem Redakteur der Sendung so seine Arbeit und die Auswahl Ihrer Einsendung für die Show wird wahrscheinlicher.

Bei *Genial daneben* rate ich ausdrücklich auch zu einem Besuch im Studio. In jeder Sendung gibt es auch eine Frage aus dem Studiopublikum. Ihre Chancen auf einen Gewinn sind hier hoch.

Sie können mit Fragen zu passenden Feiertagen auch gute Karten haben. In Ausgaben zu Weihnachten, Ostern,

Karneval, etc. werden häufig entsprechende Fragen gestellt. Denken Sie aber daran, dass auch *Genial daneben* schon weit vor dem Ausstrahlungstermin produziert wird. Ihre Frage zu Weihnachten sollten Sie daher ruhig schon Mitte des Jahres einsenden.

Informieren Sie sich vor dem Einsenden, ob Ihre Frage möglicherweise schon einmal in der Sendung gestellt wurde. Im Internet befinden sich passende Archive mit allen Fragen aus der Show.

Für Ihre Fragen können Sie sich von skurrilen Meldungen, ungewöhnlichen Bräuchen, überflüssigem Wissen oder der Herkunft von Redewendungen und sprachlichen Bildern inspirieren lassen. Auch pseudo-anzügliche Fachbegriffe eignen sich für eine Frage. Schon behandelt wurde beispielsweise „Was ist ein Sackstich?!“ (Antwort: ein Knoten.)

Ihre Fragen sollten Sie jeweils über das Internet, per Post und Telefon einreichen, so erhöhen Sie Ihre Chance. Gestalten Sie Ihren Brief aufwendig, damit er aus der Masse der Einsendungen heraussticht.

Es kam auch schon häufiger vor, dass Zuschauer Gegenstände oder Fotos eingeschickt haben, die in direktem Zusammenhang mit der Frage standen. Ein Versuch ist das sicherlich auch wert!

Das große Hessenquiz

Quiz

In dieser klassisch aufgebauten Quiz Show spielen vier Kandidaten gegeneinander. Alle Fragen stammen aus den Kategorien „Stadt/Land/Fluss“, „Klatsch und Leute“, „Vergiss mein nicht“, „Macht und Macher“ und „Mundart“. Die Antworten auf die Multiple-Choice-Fragen werden durch Drücken des richtigen Antwortbuchstabens gegeben. Nach jeder Spielrunde wird eine Zwischenbilanz gezogen und der Kandidat mit der geringsten Punktzahl muss gehen. Zudem hat jeder Kandidat einen „Risikojoker“ und einen „Publikumsjoker“ zur Verfügung.

Gewinn: den Gewinner erwartet eine Traumreise.

Warum sollte man hingehen?
In familiärer Atmosphäre bleiben die Hessen hier unter sich. Das ist ein sehr guter Einstieg in eine lange Karriere als Quizkandidat, denn hier werden Sie sich wohlfühlen!

Warum sollte man es lassen?
Die ganze Veranstaltung ist zwar sehr liebevoll vorbereitet, wirkt aber etwas behäbig.

Zu dieser Sendung werden Sie nur zugelassen, wenn Sie aus Hessen kommen. Auf der Internetseite des HR finden Sie eine Auflistung der aktuellen Aufzeichnungstermine. Sie können also direkt online Ihren großen Auftritt planen. In vielen anderen Bundesländern gibt es ebenfalls regionale Quizsendungen in den dritten Programmen, allerdings kann man dort häufig nur symbolische Preise (z.B. Pokale) gewinnen.

Ihre Gegner sind echte Bundeslandpatrioten. Sie sollten hier also extrem gut vorbereitet sein, sonst haben Sie keine Chance! Um zu überprüfen, ob Sie überhaupt das Zeug zum Champion in dieser Show mitbringen, können Sie auf der Internetseite zur Sendung alte Ausgaben der Show ansehen – und die Fragen nachspielen. Wenn Sie hier schon versagen, vergessen Sie Ihre Bewerbung. Sie können während der Sendung auch kostenlos im Videotext des HR mitspielen. Rufen Sie Tafel #800 auf, dann können Sie mit den Farbtasten auf Ihrer Fernbedienung parallel zum Showverlauf ebenfalls eine Reise gewinnen. Wenn Sie Ihre Familie quälen wollen, können Sie sich auch das Brettspiel zur Sendung im Handel besorgen. Vielleicht hilft ja auch das bei der Vorbereitung. Ganz alleine können Sie sich auch mit dem Begleitbuch vorbereiten.

Die klügsten Kinder im Norden

Quiz

Seitdem das amerikanische Vorbild von Cordula Stratmanns *Das weiß doch jedes Kind!* die Einschaltquoten nach oben getrieben hat, muss die Abfrage von Grundschulwissen für einige Shows herhalten. Bei Frank Plasberg steht ebenfalls der Lehrplan der Klassen 1-6 im Vordergrund.

Ein Eltern- oder Großelternteil spielt hier gemeinsam mit dem Nachwuchs um 10.000 Euro. Damit dieses Geld auf Ihrem Konto landet, müssen neun von zehn Multiple-Choice-Fragen richtig beantwortet werden. Der Zufallsgenerator ordnet pro Fragerunde zwei Schulfächer (Kategorien) zu und die beiden Generationen sprechen sich ab, wer die jeweilige Frage beantworten soll.

Zwei Joker helfen: Einmal dürfen sich beide Kandidaten beraten und beim zweiten Joker kommt ein mitgebrachter Lehrer ins Spiel. Dieser kann die ungelöste Frage vielleicht beantworten.

Gewinn: hier stehen 10.000 Euro auf dem Spiel!

Warum sollte man hingehen?

In der charmanten Sendung mit Frank Plasberg sollen die Kandidaten gewinnen. Moderator und Studiopublikum drücken die Daumen, die Atmosphäre ist sehr positiv. Das macht viel Spaß – und die Kohle ist wirklich nicht zu verachten!

Warum sollte man es lassen?
Die Fragen haben es in sich und sind keinesfalls kinderleicht. Zudem können Sie hier nur teilnehmen, wenn Sie ein passendes Kind vorweisen können.

Grundsätzlich sollte das Kind zwischen zehn und 18 Jahren alt sein. Beschreiben Sie unbedingt, was Sie beide, neben der Verwandtschaft, verbindet. Haben Sie vielleicht ein gemeinsames Hobby? Gibt es ein gemeinsames, großartiges Erlebnis?

Der NDR lässt sich bei der Kandidatensuche von der Castingagentur Mediabolo aus Köln helfen. Sie können sich alternativ also auch über die Seite dieser Agentur (unter www.mediabolo.de) bewerben.

Nutzen Sie zur Vorbereitung das Trainingslager auf der Homepage. Zur Sendung dürfen Sie einen Lehrer mitbringen. Achten Sie darauf, dass dieser sich besonders in Ihren schwachen Bereichen bestens auskennt. Außerdem sollte der gute Mann keine Angst vor einer Blamage haben. Pädagogen sind da oft etwas seltsam. Wenn er etwas nicht weiß, muss er das aber in der Show unbedingt sagen und sich nicht hinter Pseudo-Wissen verstecken, sonst kostet Sie das möglicherweise viel Geld.

Kocharena

Kochshow

Eigentlich ist das gemein: Hier dürfen nur ehemalige Gewinner mitmachen! Denn in *Kocharena* kann nur absahnen, wer schon zuvor bei *Das perfekte Dinner* und *Unter Volldampf* geglänzt hat. Ausschließlich die Champions aus diesen beiden anderen Vox-Formaten kommen als Kandidat in Florian Königs Kochshow in Frage. Drei von diesen Champions kochen in der Show gegen drei Profiköche, die man ebenfalls schon in anderen Kochformaten gesehen hat. Mittlerweile laufen weder *Kocharena* noch *Unter Volldampf* mehr im Fernsehen. Es findet in meinem Buch trotzdem einen Platz, da das Genre Kochsendung über Jahre einen wichtigen Platz im TV eingenommen hat.

Die Herausforderer kennen das Menu und konnten sich vor der Show entsprechend vorbereiten. Die Profis kochen spontan. Beide Lager bedienen sich dabei aus einem identischen Sortiment von Zutaten und Gewürzen.

Der Wettbewerb ist in Vorspeise, Hauptgang und Dessertrunde aufgeteilt. Per Zufallsgenerator wird bestimmt, welcher der drei Kandidaten gegen den Koch in der jeweiligen Runde antreten darf. Nach der vorgegebenen Zeit entscheidet eine Jury über die Qualität der fertigen Gerichte.

Diese Jury ist prominent besetzt: Um Katja Burghardt (in diesem Fall nicht die „RTL-Lispelfrau", sondern die Chefredakteurin der Zeitschrift „essen & trinken") gesellen sich der „RTL-Hotelinspektor" Heinz Horrmann und Ex-Fußballmanager Rainer Calmund. Sie sind während des Kochens nicht im Studio und haben so keine Ahnung, ob das jeweilige Gericht vom Starkoch oder vom Kandidaten stammt. Jedes Mitglied der Jury vergibt zwischen einem und zehn Punkten. Wenn der Kandidat gegen den Koch gewinnt, erhält er 3.000 Euro (oder einen besonderen Sachpreis) und darf in der nächsten Runde erneut antreten. Gewinnt der Koch, wird der Geldgewinn für einen wohltätigen Zweck gespendet. Bei einem Unentschieden erhält der Kandidat das Geld, allerdings wird er dann vom Wettbewerb ausgeschlossen und ein Zufallsgenerator bestimmt den nächsten Herausforderer der Profis. Gemein, aber witzig: Ist das Gericht nach der vorgegeben Zeit noch nicht fertig, geht der Teller mit dem bisherigen

„Ergebnis“ so zur Bewertung an die Jury. Ungewöhnlich ist, dass sämtliche Vorgänge in der Show von Off-Sprecher Heiko Wasser (Formel 1, RTL) kommentiert werden.

Gewinn: beim Gewinn aller drei Runden winken 9.000 Euro!

Warum sollte man hingehen?
Wenn Sie in *Das perfekte Dinner* und *Unter Volldampf* geglänzt haben, wissen Sie ja mittlerweile, wie der Hase gebraten wird. Hier haben Sie eine neue Chance auf etwas Kohle, dürfen vor Publikum Ihrem Lieblingshobby nachgehen und zeigen den Profis endlich mal, wer die besten Ravioli aufwärmen kann. Zudem ist die Ausrichtung der Sendung positiv – und Sie werden viel Spaß haben!

Warum sollte man es lassen?
Sie haben zwar die anderen Vox-Kochshows gewonnen, aber Spaß hat es Ihnen nicht gemacht? Dann sollten Sie von der Kocharena die Finger lassen. Sie sind hier der Hauptdarsteller in einem perfekt ausgeleuchteten Studio und müssen vor der Jury und dem Publikum bestehen. Wenn Sie gemerkt haben, dass TV für Sie nicht so interessant ist, gehen Sie hier also auf keinen Fall hin.

Für diese Sendung können Sie sich nicht bewerben. Sie müssen sich über die Sendungen *Das perfekte Dinner* und *Unter Volldampf* qualifizieren.

Haben Sie möglichst viel Spaß und vergessen Sie die Kohle! In der Sendung werden die Geldgewinne ohnehin relativ schnell abgehandelt und der Moderator weist nur gegen Ende der einzelnen Runden auf die 3.000 Euro hin. Hier geht es um die Freude am Essen und die absurde Situation, dass ein Sportreporter die Nahrungszubereitung kommentiert. Natürlich wollen Sie die Kohle – aber das darf hier niemand erfahren...

Halten Sie Kontakt zu „Ihrem“ Redakteur von *Das perfekte Dinner* und *Unter Volldampf*. Schreiben Sie vielleicht eine Karte als Ausdruck Ihrer Dankbarkeit und dazu, dass Ihnen das Kochen vor der Kamera wahnsinnig viel Spaß gemacht hat. Im Redakteursalltag fallen diese kleinen Gesten auf. Eine Garantie, dass Sie so für die *Kocharena* empfohlen werden, gibt es natürlich nicht. Aber Ihre Chancen werden sicherlich steigen. Und noch ein wichtiger Sicherheitshinweis: Stellen Sie sich niemals zwischen Rainer Calmund und einen vollen Teller.

Warum habe ich diese Sendungen im Buch gelassen? Das Fernsehen kann sich nicht neu erfinden. Es werden immer Formate Jahre später in ähnlicher Form „neu“ starten. Dann könnten auch diese Informationen wieder wichtig werden.

Mach dich ran!

Magazin

Irgendwo zwischen Verbrauchermagazin, Gameshow und Überraschungssendung hat sich diese Show positioniert. Schon seit neun Jahren ist *Mach dich ran!* beim MDR auf Sendung.

Moderator Mario D. Richardt kümmert sich (wie schon sein Vorgänger Hendrik Petzold) in der „Tagesaufgabe“ um ein konkretes Verbraucherproblem mit Banken, Firmen, Versicherungen oder Behörden. Er hört sich die Sorgen der Protagonisten dazu morgens an und muss innerhalb von 24 Stunden die Lösung gefunden haben. Nebenbei erfüllt die Show auch noch Wünsche. In der Rubrik „Wer möchte mal?“ treffen Zuschauer auf ihre Idole, besuchen besondere Orte – oder lassen sich auch schon mal auf eigenen Wunsch von einem Blitz (!) treffen!

Die Spiele in *Mach dich ran!* wechseln und bestehen in der Regel aus dem „Trau dich-Spiel“, der „Montagsfrage“ oder dem „Dreiländerspiel“. Im „Trau dich-Spiel“ sucht der Moderator einen Freiwilligen für eine Mutprobe. Wenn er niemanden finden kann, muss er selbst seinen Mut beweisen. Die Mutproben sind Dinge wie Heuschrecken und Grillen essen, mit dem Fahrrad durch die Waschanlage fahren oder auch bei einer Dessous-Modenschau mitmachen. Im „Dreiländerspiel“ treten Kandidaten aus Sachsen, Sachsen-Anhalt und Thüringen gegeneinander an. Die Wettbewerbe variieren von sportlichen Herausforderungen bis hin zum Wettkampf „Wer hat den größten Kürbis gezüchtet?“.

Bei der „Montagsfrage“ wird den Fernsehzuschauern ein Experiment präsentiert. Bis zur nächsten Ausgabe der Sendung dürfen diese dann über den Ausgang spekulieren. So konnten die Zuschauer beispielsweise tippen, wie viel Wasser aus einem 1 Liter-Gefäß auf einer Fahrt mit der größten Holzachterbahn der Welt noch im Becher bleibt.

Der Gewinner der Spielchen darf sich die „Tagesaufgabe“ ansehen. Er tippt dann, ob Mario D. Richardt das konkrete Problem lösen konnte. Liegt er mit seiner Einschätzung richtig, so erhält einen Geldgewinn in Höhe der laufenden Produktionsnummer von *Mach dich ran!*. Aktuell sind das um 800 Euro.

Gewinn: Bargeld (unter 1.000 Euro) und/oder die Erfüllung eines Wunschtraums!

Warum sollte man hingehen?
Die Sendung hat schon einen gewissen Kultcharakter. Wenn Sie wirklich einen außergewöhnlichen Wunsch haben, erfüllt man Ihnen den hier sehr gerne und wirklich liebevoll.

Warum sollte man es lassen?
Wahnsinnig viel Geld können Sie hier nicht abstauben. Zudem muss man den wirren Mix der Sendung wirklich

mögen. Die Show ist insbesondere für Kandidaten aus dem Sendegebiet des MDR (also Sachsen, Sachsen-Anhalt und Thüringen) interessant. Schicken Sie einfach eine E-Mail über das Formular auf der Internetseite des Senders. Dort können Sie Ihre Vorschläge für eine „Tagesaufgabe“, ein Spiel oder die Wunscherfüllung direkt eintragen. Manchmal macht man Ihnen dort auch schon Vorschläge („Wer möchte mal einen 18 Meter hohen Weihnachtsbaum schmücken?“). Natürlich sollte Ihr Wunsch möglichst originell sein und nicht so wahnsinnig viel kosten.

Bei dieser Sendung kann ich Ihnen zu keiner konkreten Strategie raten. Vielleicht rufen Sie einfach mal in der Redaktion an und hinterlassen einen möglichst guten Eindruck (siehe Tipps zum Telefonierverhalten im ersten Teil dieses Buchs). Wenn Sie das Problem mit einer Firma aus der Welt geschafft haben wollen, sollten Sie möglichst alle relevanten Informationen dazu beifügen. In diesem Fall schreiben Sie besser eine E-Mail mit entsprechenden Nachweisen als Anhang. Über das Formular auf der Internetseite können Sie keine Dateianhänge verschicken.

Das perfekte Dinner

Kochshow

Fünf Kandidaten wollen *Das perfekte Dinner* für ihre vier Mitstreiter geben. Dazu ist von Montag bis Freitag jeweils ein anderer dieser Kandidaten der Gastgeber. Er lädt die Konkurrenz zu sich nach Hause ein, kauft die Lebensmittel, dekoriert, trifft eine Getränkeauswahl und kocht ein Drei-Gänge-Menü. Am Ende des Abends vergeben seine Gäste Punkte auf einer Skala von 0-10 jeweils für das Essen sowie für „Deko und Ambiente“. Maximal kann der Gastgeber also 80 Punkte in der Wertung absahnen, da er sich selbst keine Punkte geben darf. Nur der beste Kandidat erhält am Ende der Woche den Preis von 1.500 Euro.

Neben diesem Spielprinzip spielen Interviewsequenzen und der süffisante Off-Kommentar von Daniel Werner ebenfalls eine wichtige Rolle.

Gewinn: Neben dem möglichen Wochengewinn von 1.500 Euro erhalten Sie auch noch eine Aufwandsentschädigung von 600 Euro.

Warum sollte man hingehen?
Die Nation muss doch endlich erfahren, dass Sie so ein sensationell guter Gastgeber sind, oder?

Warum sollte man es lassen?
Wenn Sie Ihr Lieblingsgericht frisch aus der Kühltheke der Tankstelle kaufen und Wein nur aus dem Tetra-Pak servieren, weil Sie keinen Korkenzieher haben, dann machen Sie hier lieber nicht mit.

Das perfekte Dinner findet nur selten in kleinen Dörfern statt. Sie haben mit Ihrer Bewerbung tendenziell bessere Chancen, wenn Sie in einer Großstadt wohnen. In jedem Fall schicken Sie 1-2 nette Fotos von sich ein und berichten über Ihre Leidenschaften als Gastgeber. Auch Ihre Wohnung ist ein wichtiges Entscheidungskriterium für die Produzenten der Show. Geben Sie unbedingt die Größe an. Auch die Anzahl der Zimmer und ein einfacher Grundriss sind hilfreiche Informationen. Einige Fotos der Wohnung (insbesondere der Küche und des Essbereichs) können auch nicht schaden.

Schreiben Sie schon in die Bewerbung, welche Menüfolge Sie (voraussichtlich) servieren werden. Sie können hier auch angeben, warum Sie ausgerechnet diese Gerichte gewählt haben, vielleicht gibt es ja sogar eine nette Geschichte dazu? Planen Sie ausreichend Zeit ein. Wenn das Team einer

Fernsehproduktion im Weg rumsteht, Sie vor der Kamera gut aussehen möchten und Sie nebenbei noch vier Gäste bekochen und unterhalten wollen, wird das sehr stressig! Kochen Sie aus diesem Grund auch unbedingt Ihre persönlichen Spezialitäten, bei der Aufzeichnung sollten Sie nicht experimentieren. Das ist auch bei der Auswahl der Zutaten extrem wichtig. Sorgen Sie dafür, dass die Zutaten bei der Aufzeichnung auch wirklich da sind. Wenn Sie Jakobsmuscheln machen wollen, bestellen Sie die Tierchen also rechtzeitig beim Fischhändler vor, denn sonst wird das immer etwas peinlich.

Stellen Sie sich darauf ein, dass Sie eventuell auch einen Vegetarier bekochen müssen. Das sollten Sie vorher in Ihrer Speisenauswahl berücksichtigen – und gegebenenfalls ein weiteres (ebenfalls spitzenmäßiges) Menü servieren. Wenn Sie einfach nur das Fleisch weglassen, holen Sie hier sonst keine Punkte.

Allen Gästen sollten Sie jederzeit einen „Nachschlag" liefern können. Bei Meckereien über das Essen bleiben Sie ruhig – und bessern Sie nach. Legen Sie das Steak dann eben kurz wieder auf den Grill, damit es wirklich „medium" ist.

Die Getränke sind ebenfalls wichtig. In der Vergangenheit hat sich schon häufiger gezeigt, dass die feucht-fröhlichen Abende besser bewertet werden. Halten Sie unbedingt einen Begrüßungscocktail bereit und schenken Sie regelmäßig nach! Während der Aufzeichnung in Ihrem Zuhause müssen Sie den Spagat zwischen Gästeanimation und dem Servieren der Speisen hinbekommen.

Bereiten Sie nach Möglichkeit viel vor – und überraschen Sie mit ungewöhnlichen Details. Verwenden Sie keine Fertigprodukte, denn Sie haben immer einen skrupellosen Zeitgenossen in der Runde, der Sie danach fragen wird.

Die anderen Gäste schnüffeln in Ihrer Wohnung, das ist ein elementarer Teil des Konzepts. Bringen Sie persönliche Dinge, Hinweise auf Gewaltverbrechen und Ihre dunkelsten Geheimnisse also unbedingt in Sicherheit.

Quickie

Quizshow

Andrea Ballschuh befragt in ihrer Quizsendung die Kandidaten zu Geschichte und aktuellem Geschehen in Sachsen, Sachsen-Anhalt und Thüringen. Insgesamt werden zwölf Fragen gestellt. Für die Beantwortung der ersten Frage hat der Kandidat nur fünf Sekunden Zeit, für die zweite Frage sind es schon zehn Sekunden und für die letzte Frage dann entsprechend eine Minute.

Die Kandidaten dürfen auf drei Joker zurückgreifen: Sie können einmalig eine Frage tauschen oder eine Frage komplett überspringen. Bisher gab es auch noch (ähnlich wie bei Jauch) die Möglichkeit, einen Zuschauer im Publikum zu befragen. Diese Möglichkeit fällt neuerdings weg. Dafür können sich die Kandidaten einen „Schlauberger" mitbringen, der die Frage dann ersatzweise beantworten muss.

Gewinn: Für jede richtige Antwort gibt es einen wirklich guten Sachpreis (Reisen, Fernseher, Motorroller, etc.) und für die Beantwortung der letzten Frage winkt sogar ein Auto!

Warum sollte man hingehen?

Damals in der DDR musste man mindestens zwölf Jahre auf ein Auto warten – hier gibt es das schon nach nur zwölf Fragen zu gewinnen.

Warum sollte man es lassen?
Eigentlich haben Sie hier nur als waschechter Ostdeutscher eine Chance. Irgendwo zwischen mitteldeutschen Sehenswürdigkeiten und DDR-Nostalgie sollten Sie in jedem Fall mit Wissen glänzen können.

Bewerben Sie sich schriftlich bei der Produktionsfirma mit den üblichen Unterlagen. In den Monaten, in denen die Show ausgestrahlt wird, gibt es auch die Möglichkeit der Online-Bewerbung über ein Formular. Da sich zu diesen Zeiten natürlich mehr Menschen bewerben, rate ich zur schriftlichen Bewerbung.

Auf der Internetseite zur Sendung gibt es ein kleines Quiz zur Show. Wenn Sie hier schon nicht punkten können, vergessen Sie eine Bewerbung bei der Show. Der mitteldeutsche Marathon wird Sie sonst fertigmachen.

Das Quiz mit Jörg Pilawa

Quizshow

Ein Kandidatenpaar hat in dieser Sendung die Chance auf 300.000 Euro. Unter 12 Gewinnstufen von 500 Euro bis zum Höchstgewinn sucht sich das Kandidatenpaar zu Beginn des Spiels zwei „Sicherheitsstufen" aus. Sobald diese Stufen erreicht sind, ist das bis dahin erspielte Geld sicher. Pilawa stellt dem Kandidatenpaar abwechselnd Fragen mit vier Antwortmöglichkeiten. Der erste Kandidat beantwortet die Frage und der zweite Kandidat muss sich nun überlegen, ob er die Antwort stehen lassen möchte, oder ob ein Veto-Joker eingesetzt werden soll. Mit einem der Vetos kann man einmalig die Frage austauschen lassen, mit den anderen dürfen Sie Einspruch gegen die Antwort Ihres Partners einlegen und die Antwort tauschen.

Die Kandidaten dürfen über die Antwort nicht diskutieren. Sprechen und Körperkontakt sind verboten, auf den höheren Gewinnstufen wird sogar der Kandidatenstuhl des Partners nach hinten gefahren, damit er etwas außer Sichtweite ist. Sobald die Frage vorgelesen wurde, kann man nicht mehr aussteigen. Sie sollten sich also vorher schon überlegen, wie risikoreich Sie spielen wollen.

Gewinn: Es gibt 12 Gewinnstufen. Die erste liegt bei 500 Euro und die letzte liegt bei 300.000 Euro.

Warum sollte man hingehen?
Sie werden als Kandidat mit Respekt behandelt. Zudem ist man während der Aufzeichnung hier in Begleitung natürlich etwas weniger nervös.
Warum sollte man es lassen?
Wenn Sie in der Sendung ein falsches Veto einlegen, kann das bei höheren Gewinnstufen durchaus zu Spannungen mit Ihrem Partnerkandidaten führen.

Auf der Seite der Produktionsfirma können Sie sich einen Castingbogen runterladen. Sie werden schon hier gefragt, in welcher Verbindung Sie zu Ihrem Mitspieler stehen. Versuchen Sie schon jetzt eine spektakuläre (aber natürlich wahre) Geschichte dazu einzubringen. Fügen Sie Ihrer Bewerbung unbedingt Fotos bei und vergessen Sie nicht Ihre Kontaktdaten.

Sollten Sie zu einem Casting eingeladen werden, gibt es dort eine kurze Vorstellungsrunde. Gemein dabei: Die Caster bitten Sie darum, dass Sie nicht sich, sondern Ihren Partner vorstellen. Hier sollten Sie mit einer originellen Schilderung unbedingt schon Punkte sammeln. Bereiten Sie sich auf diese Frage also vor.

Jörg Pilawa ist ein netter Quizonkel. Er wird Ihnen helfen, wenn Sie wirklich schon an einer der ersten Fragen verzweifeln. Hören Sie ihm also auch in dieser Spielphase genau zu! Ihr Spielpartner sollte Sie perfekt ergänzen. Nehmen Sie also lieber nicht den gleichaltrigen Freund aus dem Fußballclub mit identischen Hobbys, sondern suchen Sie sich in diesem Falle eine reife Bibliothekarin.

In der Sendung ist die Kommunikation zwischen Ihnen entscheidend. Sagen Sie nach Ihrer Antwort unbedingt, wie sicher Sie sich sind. Es kann auch nicht schaden, wenn Sie den Lösungsweg erklären. Hilfreich ist ebenfalls, wenn Sie zumindest Antworten ausschließen können. Sie dürfen sogar eine prozentuale Angabe machen („Ich bin mir zu 70% sicher!"), nutzen Sie das!

Mittlerweile ist *Das Quiz mit Jörg Pilawa* durch *Quizduell* ersetzt worden. Man kann sagen, hier hat es mal eine App ins Fernsehen geschafft. Das erste interaktive Quiz, bei dem ganz Deutschland mitraten kann. Und zwar bequem vom eigenen Sofa zu Hause. Die Sendung läuft seit der zweiten Staffel sehr erfolgreich, daher möchte ich kurz die Spielregeln erklären.

Das Quizduell hat wie gewohnt 6 Runden à 3 Fragen. Zu den gewohnten Quizduell-Kategorien kommen „Tagesschau", „70er", „80er" und „90er" sowie „Deutschland", „25 Jahre deutsche Einheit", „Adel", „Aus dem Leben" und „Mode" hinzu.

Die Studiokandidaten wählen die erste Kategorie, danach geht es im Wechsel weiter. Die App ist eigentlich selbsterklärend. Einfach die Fragen richtig beantworten. Die Nervosität, die sich bei einem Fernsehauftritt ergeben kann, fällt hier komplett weg. Sie spielen live gegen die Kandidaten im Studio. Nachteil: Sie spielen wirklich mit allen, die sich die App runtergeladen haben und mitspielen. Die App kann abstürzen. Das ist in der ersten Staffel sehr oft passiert. Die Produktionsfirma hat aber die technischen Probleme immer besser im Griff. Falls die App abstürzt, ersetzt das Studiopublikum das

„Team Deutschland“. Nach 18 Fragen ist das Spiel in der Regel zu Ende.

Probieren Sie das Quiz ruhig mal aus. Sie haben vom Sofa aus ja nichts zu verlieren. Die Gewinner werden unter allen Teilnehmern ausgelost. Und das ist eigentlich auch der Nachteil. Je größer das „Team Deutschland“ ist, umso geringer ist die Chance auf einen Gewinn.

Auf der ARD-Internetseite steht: Bei einem Sieg von „Team Deutschland“ werden neun App-Spieler und ein Mitspieler im Studiopublikum ausgelost, die sich den Gewinnbetrag teilen. Bei einem Unentschieden erhalten die Kandidaten die Hälfte der Gewinnsumme. Die zweite Hälfte wird unter neun ausgelosten App-Spielern und einem ebenfalls ausgelosten Mitspieler aus dem Studiopublikum aufgeteilt. Alle App-Spieler haben die gleichen Chancen auf den Gewinn! Es ist unerheblich, wie viele Fragen jeder Spieler beantwortet hat, und ob die Antworten richtig waren. Um am Gewinnspiel teilzunehmen, reicht die Beantwortung einer Frage aus – das gilt auch für den Fall, dass die App ausfällt. Fällt die App über das gesamte Duell hinweg aus und es kann keine einzige Frage der App-Spieler ausgewertet werden, spielt nur das Studiopublikum als „Team Deutschland“. Gewinnt nun „Team Deutschland“, werden zehn Spieler im Publikum ausgelost, die sich den Gewinn teilen.

Die Gewinnsumme ist unterschiedlich, da „Team Deutschland“ und die Studiokandidaten die Summe immer wieder erhöhen können. Man kann durchaus eine Gewinnsumme von insgesamt 30.000 Euro erspielen.

Raus aus den Schulden

Doku-Soap

„Peter Zwegat, aus Berlin!“ stellt sich als ein skurriles Männchen in jeder Ausgabe der Doku-Soap vor. Die Zuschauer wissen natürlich schon längst, dass es sich bei dem kettenrauchenden Herrn um den „staatlich geprüften Schuldenberater“ von RTL handelt. Dieser ist auf Zuruf in ganz Deutschland unterwegs und hilft Betroffenen beim Abbau ihrer Schulden.

Zunächst ermittelt Zwegat, mit welcher Summe seine Klienten wirklich in der Kreide stehen. Oft haben die Schuldner dabei den Überblick völlig verloren und sind erstaunt, wenn Zwegat die Schuldenaufstellung auf seinem legendären Flipchart präsentiert.

Nach Tränen und den ersten Schuldzuweisungen unter den Betroffenen macht sich Peter Zwegat an seine Arbeit. Er spricht mit Gläubigern, handelt neue Verträge aus und nimmt die Schuldner aber ebenso in die Pflicht. Die Kamera ist bei eventuellen Gerichtsterminen und allen relevanten Ereignissen dabei. Am Ende der Sendung erklärt Zwegat, um welche Summe er den Schuldenberg reduzieren konnte. Eventuell weist er aber auch darauf hin, dass nur noch eine (Privat-) Insolvenz helfen kann.

Das Format wirkt insgesamt glaubwürdig und gerade Peter Zwegat wirkt in seinem Job mehr als kompetent. Die Schuldner geben allerdings oft mehr als nur das sprichwörtliche „letzte Hemd“, denn auch ihr Privatleben wird in der Sendung schonungslos offen gelegt.

Gewinn: Wenn hier eine dicke, fette Null rauskommt, kann man sehr zufrieden sein. Da das für die Betroffenen sicherlich ein Gewinn ist, darf diese Sendung mit ins Buch. Zudem „gewinnen“ die Protagonisten einen Finanzplan und eine Perspektive für die eigene Zukunft.

Warum sollte man hingehen?
Zwegat hilft kompetent und nachvollziehbar. Wenn das Fernsehen kommt, wollen die Gläubiger sehr häufig als Menschenfreunde dastehen - und erlassen einen Teil der Schulden. In anderen Fällen bieten sie zumindest eine Stundung oder die Möglichkeit der Ratenzahlung an. Zudem kann man gegebenenfalls ein kompliziertes Insolvenzverfahren in die Hände des Schuldenberaters legen.

Es kann auch sein, dass Sie durch die Sendung eine neue Chance auch auf dem Arbeitsmarkt erhalten, denn es ist gut möglich, dass Zwegat Ihnen einen Job besorgt. Nach der Ausstrahlung werden sich gegebenenfalls auch zukünftige Arbeitgeber bei Ihnen melden.

Warum sollte man es lassen?
Da eine Mathematikstunde zur besten Sendezeit nicht unbedingt Marktanteile bringt, muss es bei Zwegat immer auch emotional werden. Die Protagonisten erzählen in allen Einzelheiten ihre peinlichsten Familienangelegenheiten und auch Tränen oder Streit vor der Kamera sind von den Redakteuren natürlich gerne gesehen. Diese Macht des Fernsehens sollte man nicht unterschätzen. Wenn Sie also nicht wollen, dass sich schon morgens die Bäckereifachverkäuferin mitleidig nach den finanziellen Verhältnissen erkundigt, sollte man nicht bei dieser Sendung mitmachen.

Bei Raus aus den Schulden handelt es sich um eine Doku-Soap und keine (!) Dokumentation. Das bedeutet auch, dass Schicksale „verdichtet" werden und durch geschickte Schnitte, Sprecherkommentare und emotionale Musik die Geschichte möglicherweise nicht in Ihrem Sinn erzählt wird.

Zudem gibt es überall in Deutschland die Möglichkeit zur kostenlosen Schuldnerberatung (z.B. in vielen Geschäftsstellen der Caritas). Dort wird ebenso kompetent und nachvollziehbar geholfen.

Sie haben sich aber für RTL und damit für Herrn Zwegat entschieden, dann geben Sie bei Ihrer Bewerbung unbedingt an, wie hoch Sie in etwa ihre Überschuldung schätzen. Zudem interessiert die Macher natürlich, woher die Schulden stammen und bei wie vielen Gläubigern Sie diese Verbindlichkeiten haben.

Achten Sie darauf, dass Ihre Geschichte emotional ist. Schreiben Sie, wie schlimm Ihr Leben mit dem Schuldenberg ist und erläutern Sie das an anschaulichen Beispielen. Besonders schön ist es für die Macher, wenn Sie bereits in der Bewerbung ein Konfliktpotential erkennen lassen. Belasten die Schulden beispielsweise Ihre Ehe oder das Verhältnis zu Freunden und Verwandten? Falls dies so ist, erwähnen Sie das ruhig! Und: Sie brauchen natürlich eine Perspektive. Wie (wunderschön) wäre Ihr Leben ohne Schulden? Was würden Sie machen? Welche Träume würden Sie sich erfüllen?

Bei der Bewerbung sollten Sie unbedingt Fotos von allen beteiligten Personen beifügen. Falls Ihr Haus gerade verpfändet werden soll, fotografieren Sie auch Ihr Anwesen. Alle Informationen müssen für die Produktion so nachvollziehbar wie möglich aufgebaut sein, sonst sucht man sich einen Fall, den man schneller produzieren kann. Falls Ihre Geschichte auf Interesse trifft, wird sich die Produktion bei Ihnen telefonisch melden, weitere Unterlagen anfordern und ein Telefoninterview mit Ihnen führen.

Es kann auch sein, dass ein Redakteur Sie schon vor der eigentlichen Produktion der Sendung besucht und ein Castingband mit einer kleinen Kamera von Ihnen anfertigt.

Sie sollten unbedingt darauf achten, dass die Produktion nicht zu sehr in Ihrem Privatleben rumschnüffelt. Klar,- natürlich hilft man Ihnen. RTL verdient aber durch die Sendung sehr viel Geld. Daher sollten Sie der Produktion gegenüber keine Schuldgefühle haben. Sagen Sie ruhig, dass Ihnen bestimmte Interviewfragen zu persönlich sind. Schließlich wollen Sie Ihre Schulden verlieren – und nicht alle Freunde.

Schlag den Raab!

Show-Event

Stefan Raab hört Ende 2015 mit allen Shows auf. Bam, die Nachricht hatte Mitte des Jahres eingeschlagen wie keine andere. Raabs Pressemitteilung ging abends gegen 22.00 Uhr raus. Das hatte seinen guten Grund. Die von ihm verhassten Boulevardblätter hatten so keine Chance mehr, diese Mitteilung auf ihren Titel zu bringen. Am nächsten Tag konnte man auch nicht bei Raab persönlich nachfragen. Er war längst im Urlaub. Chapeau! Ich möchte trotzdem die Sendung nicht aus dem Buch streichen, da wir es mit Deutschlands größtem Entertainer - wahrscheinlich aller Zeiten - zu tun haben.

Insbesondere die jüngeren Zuschauer lieben Raabs großes Schlachtfest am Samstagabend! Hochspannung über mehrere Stunden ist garantiert, wenn Raab als ultimativer Gladiator einen Herausforderer aus Zuschauerreihen gegen sich kämpfen lässt. Auch der hohe Jackpot (500.000 Euro packt ProSieben pro Show dazu) ist einmalig im deutschen Fernsehen.

Zu Beginn der Show werden fünf Kandidaten in einem kleinen Einspielfilm vorgestellt. Per 0137-Nummer wählen die Zuschauer dann aus dieser Runde ihren Favoriten.

Raab und sein Gegner treten dann in bis zu fünfzehn verschiedenen Spielen aus verschiedenen Bereichen an. Die Spiele kennen vor Beginn der Show weder Raab noch der Kandidat. Darunter sind immer sportliche Aufgaben, Spiele vom Kindergeburtstag, Wissensrunden und Geschicklichkeitswettbewerbe.

Für den Gewinn des ersten Spiels gibt es einen Punkt und dann für alle weiteren Spiele jeweils einen Punkt mehr. Im fünfzehnten (und letzten) Spiel sind also 15 Punkte zu holen. Insgesamt werden also maximal 120 Punkte vergeben. Sobald einer der Kontrahenten 61 Punkte gesammelt haben, steht damit der Gewinner fest. Das passiert frühestens nach der elften Spielrunde.

Sollte der Kandidat gewonnen haben, geht der Jackpot an ihn. Falls Raab gewinnt, bekommt der Kandidat keinen Cent. Er darf aber trotzdem zwei Tage später bei Raab zum Talk in *TV Total* vorbeischauen.

Gewinn: 500.000 Euro sind der Minimalgewinn (!). Mit jeder Ausgabe, die vom Kandidaten nicht gewonnen wurde, erhöht sich der Jackpot um eine weitere halbe Million Euro.

Warum sollte man hingehen?
Wenn der Jackpot über ein paar Ausgaben ansteigt, haben Sie bei keiner anderen Show eine so gute Chance, als Millionär nach Hause zu gehen!

Warum sollte man es lassen?
Bei einigen Spielen werden Sie nicht gut aussehen. Sie werden hinfallen. Sie werden versagen. Man wird über Sie lachen.

Einfach bewerben ist bei Raab nicht. Bevor Sie Ihre Daten am Telefon oder über das Formular eingeben können, müssen Sie zunächst drei lösbare Fragen beantworten.

Hier benötigen Sie in erster Linie starke Nerven! Selbst, wenn Sie die ersten Spiele der Reihe nach verlieren, haben Sie noch alle Chancen auf den Jackpot. Lassen Sie sich also nicht nervös machen!

Für die Sendung sollten Sie zumindest in guter körperlicher Verfassung sein. Raabs Künstlername als Boxer war „Die Killerplautze“, daher müssen auch Sie kein Muskelmann sein. Wenn Sie aber ganz ohne körperliche Fitness in die Show gehen, stehen Sie die Live-Sendung über die vollen vier Stunden nur schwer durch, da Sie auch immer wieder sehr anstrengende Spiele absolvieren müssen.

Benehmen Sie sich zudem in der Sendung. Die Stars sind Elton, Opdenhövel und natürlich Raab. Sie nicht. Sie sind der „Underdog“, dem aber alle Menschen im Publikum die Daumen drücken. Wenn Sie sich aber altklug geben, oder sich ihrer Sache zu sicher sind, kann die Stimmung im Publikum schnell kippen. Das macht den Wettbewerb garantiert nicht einfacher für Sie. So wurde Kandidat Hans-Martin im September 2009 gnadenlos ausgebuht.

Auch diese Produktion sollten Sie sich vor der Teilnahme im Studio ansehen. Wenn Sie kostenlos zu einer Aufzeichnung möchten, gehen Sie zu *Beat the Star*. Diese englische Version von *Schlag den Raab* wird ebenfalls in Köln-Mülheim aufgezeichnet. Der Warm-Upper ist hier sensationell trocken – und Moderator Vernon Kay macht seine Sache höchst anständig! Da die gesamte Anreise eines englischen Publikums natürlich sehr teuer wäre, kann man in Deutschland kostenlos an eine Eintrittskarte kommen. Die englische Sprache sollten Sie in großen Teilen beherrschen, sonst wird das ein langer Abend für Sie.

Schlauberger

Quiz-Show

Moderator Malte Arkona (*Tiegerentenclub*, ARD) haut in seiner SWR-Quizshow ebenfalls in die Kerbe des kuriosen Wissens.

Irgendwo zwischen den populären Irrtümern, ungewöhnlichen Experimenten und der Herkunft von Worten (Woher stammt der Begriff „Arschkarte“?!) spielen in der Sendung des SWR vier Vereinsmitglieder um etwas Geld für ihre Vereinskasse.

Nach diversen Vorrunden und Spielchen darf letztendlich nur ein „Vereinsmeier“ auf dem Schlauberger-Thron seine Punkte in Bargeld verwandeln. Ein netter Gag der Show ist, dass Moderator Malte Arkona die Kärtchen mit den Fragen nach Beantwortung zerschreddert.

Freunde und Vereinskollegen dürfen Sie in der Sendung unterstützen. Diese werden allerdings so platziert, dass Sie mit dem Rücken zu ihnen sitzen. So sollen Vorsagen und Handzeichen verhindert werden.

Gewinn: Die Punkte verwandeln sich in Euro. Meistens werden so um die 1.000 Euro gewonnen. Das Geld erspielen Sie für Ihren Verein. Es wandert leider nicht in die eigene Brieftasche.

Warum sollte man hingehen?
Die Unterstützung ihrer Freizeitkollegen ist Ihnen sicher und Sie sind bis in alle Ewigkeit der Held in Ihrem Verein!

Warum sollte man es lassen?
In Ihre eigene Tasche wandert hier nicht ein Cent. Sie können sich also öffentlich blamieren und am Ende mit leeren Händen dastehen.

Um in die Sendung zu kommen, muss es sich bei Ihrem Verein um einen eingetragenen Verein (e.V.) handeln, sonst dürfen Sie nicht teilnehmen. Liefern Sie schon in der Bewerbung die Basisinformationen zu Ihrem Club mit. Natürlich sollte Ihr Verein irgendwie interessant sein. Leicht skurrile Gesellschaften sind hier also ein weiteres Mal im Vorteil. Erklären

Sie genau, wofür Sie das Geld benötigen. Wenn in Ihrem Verein also dringend eine neue Anschaffung notwendig ist (Kickertisch für den Fußballclub, Hundespielzeug für den Hundesportverein, etc.), dann weisen Sie exakt darauf hin.

Das abgefragte Wissen bildet mittlerweile die Grundlage für diverse Quiz- und Unterhaltungssendungen. Konsumieren Sie regelmäßig *Genial daneben* und kaufen Sie sich die Bücher aus der Reihe der „populären Irrtümer". Auch im Internet finden Sie diverse Seiten mit sinnlosem Wissen und kuriosen Fakten. Wenn Sie hier etwas stöbern, dann sollten Sie in der Sendung deutlich bessere Karten haben.
Der SWR will natürliche insbesondere die regionalen Vereine in seinem Sendegebiet versorgen. Mit einer Bewerbung aus Baden-Württemberg und Rheinland-Pfalz haben Sie also eine bessere Chance. Wenn Ihr Verein schon nicht aus diesen Bundesländern kommt, finden Sie ein Mitglied mit Heimat im Südwesten und lassen Sie dieses bei Malte Arkona um die Kohle spielen.

Shibuya

Karaoke-Show

Shibuya ist nicht nur das Ausgehviertel in Tokio, sondern auch der Name einer Karaoke-Show mit Gülcan Kamps. Ausstrahlungszeitraum ist 2005-2007. Vier jugendliche Kandidaten treten hier in einem Karaoke-Wettbewerb gegeneinander an, eine prominente Jury verteilt dabei die Punkte.

In der ersten Runde dürfen die Kandidaten ein frei gewähltes Lied singen und kassieren von der Jury dafür bis zu zehn Punkte. Der Teilnehmer mit der geringsten Punktzahl scheidet aus. Die verbleibenden Kandidaten ziehen in der zweiten Runde ein „Stäbchen", dem ein Titel zugeordnet ist. Die Jury vergibt erneut Punkte – und ein Kandidat scheidet aus. Die letzten beiden Kandidaten spielen in der Glückskeks-Runde um die 1.000 Euro.

Gewinn: Der Gewinner erhält die „Shibuya-Medaille“ und 1.000 Euro. Zudem darf er in der nächsten Sendung wieder antreten – und hat somit die weitere Chance auf 1.000 Euro.

Warum sollte man hingehen?
Hier kann man sich als Star fühlen und sogar noch Kohle einsacken!

Warum sollte man es lassen?
Wer Gehör und Verstand behalten möchte, sollte sich der überdrehten Moderatorin nicht in Hörweite nähern.

Wenn Sie an der Show teilnehmen möchten, müssen Sie zwischen 18 und 25 Jahren alt sein. Sie können sich nur auf der Seite der Produktionsfirma registrieren.

Versuchen Sie einfach, Spaß zu haben! Das Publikum besteht zum Großteil aus unreflektierten „Backfischbräuten“. Wenn Sie hier bestehen können, gibt die prominente Jury Ihnen die entsprechenden Punkte. Machen Sie sich also richtig zum Affen, zeigen Sie das Waschbrett und lassen Sie den Karaoke-Star raus!

Die Spur der Ahnen – jede Familie hat ein Geheimnis

Doku-Soap

Seit die BBC mit der Sendung *Who do you think you are?* ungeahnte Einschaltquoten einfahren konnte, versucht sich jede deutsche Produktionsfirma ebenfalls an einem Format zur

Ahnenforschung. Der MDR schickt für seine Zuschauer den Moderator Robert Burdy ins Rennen. Unterstützt wird er von Genealogin Martina Wermes, die in alten Kirchenbüchern, Archiven und Verzeichnissen wühlt.

In jeder Ausgabe der Sendung bittet ein Zuschauer den Moderator um Mithilfe. Es geht um dunkle Geheimnisse in der Familiengeschichte, eitle Verwandtschaftsvermutungen mit einem Prominenten oder einfach nur die lückenlose Dokumentation des eigenen Stammbaums. Dazu begeben sich Moderator und Protagonist auf die Reise zu entfernten Verwandten und schicksalhaften Orten aus der Vergangenheit. Sie besuchen die Elternhäuser der Vorfahren und überprüfen, was die Ahnen in grauer Vorzeit beschäftigt haben könnte. So konnte die Sendung schon so manches Familiengeheimnis aufklären und sogar über Jahrhunderte entzweite Sippschaften wieder vereinen.

Gewinn: Ihr Familienstammbaum über viele Generationen. Wenn Sie das für keinen Gewinn halten, fragen Sie mal bei einem professionellen Ahnenforscher nach dem Stundensatz...

Warum sollte man hingehen?
Der „Gewinn" gehört sicherlich zu den spannendsten im deutschen Fernsehen. Vielleicht entdecken Sie sogar Familienwappen, lebende Verwandte oder den Anspruch auf ein nicht angetretenes Erbe.

Warum sollte man es lassen?
Die Spur der Ahnen ist ein sehr persönliches Format. Sie könnten auf unliebsame Geheimnisse treffen. Vielleicht gibt es in Ihrer Familie eine Nazi-Vergangenheit? Vielleicht stammen Sie aus einer Inzest-Sippe? Wenn Sie vor derartigen Enthüllungen Angst haben, gehen Sie besser nicht in diese Sendung.

Was müssen Sie tun, um in die Sendung zu kommen?
Sie geben dem MDR eine Recherchevollmacht. Überlegen Sie, ob Sie das wirklich wollen. Tragen Sie im Formular unbedingt eine spannende Familienlegende oder eine Vermutung ein. Wenn Sie also den Namen „Goethe" tragen, lassen Sie den MDR wissen, dass Sie eine Verwandtschaft zum alten Geheimrat vermuten. Vielleicht haben Sie auch einen Doppelgänger und wollten immer schon erfahren, ob Sie mit diesem verwandt sind.

Eventuell wurden Sie ja auch adoptiert und wollen jetzt mehr über die Vergangenheit Ihrer Blutsverwandtschaft wissen. Derartige Geschichten interessieren besonders, weil sie sich natürlich filmisch gut umsetzen lassen. Ein einfaches „Ich hätte gerne meinen Stammbaum!" wird auf wenig Interesse treffen.

Sollten Sie Ihre Familiengeschichte bereits selbst (an) recherchiert haben, tragen Sie den Verlauf (und natürlich entsprechende Ergebnisse) ebenfalls in das Formular ein. Wenn wenigstens schon ein paar Erkenntnisse vorliegen, kann der Ahnenforscher des MDR sicherlich besser beurteilen, ob sich ein weiteres Eintauchen in Ihre Familiengeschichte lohnt.

In der Sendung wird nicht (!) darauf hingewiesen, dass Sie sich auch schriftlich bewerben können. Wenn Sie aber bereits umfangreiche Unterlagen zu Ihrer Familiengeschichte angesammelt haben, übersenden Sie diese – natürlich nur in Kopie - per Post.

Eine besondere Strategie bringt Sie hier nicht weiter. Gestalten Sie einfach Ihre Bewerbungsunterlagen professionell und geheimnisvoll.

Achten Sie darauf, dass Sie nach der Recherche möglichst viele Informationen über Ihren Stammbaum schriftlich vom

MDR bekommen. So können Sie nach dem Ende der Aufzeichnung selbst noch weiter in die Vergangenheit eintauchen – oder diesen Job einem guten Ahnenforscher überlassen.

Das Supertalent

Talentshow

Die Sendung wurde als *America´s got talent* von Simon Cowell (so eine Art britischer Dieter Bohlen) erfunden und hat die weltweiten Fernsehbildschirme im Sturm erobert.

Im Grunde ist die ganze Veranstaltung ein aufgepimpter Talentwettbewerb, bei dem Darbietungen aus allen Bereichen zugelassen sind. Die dreiköpfige Jury besteht aus Laufstegtrainer Bruce Darnell, Sylvie van der Vaart und Dieter Bohlen. Zumindest eine Zeit lang. RTL wechselt gerne aus, wenn die Quoten nicht das bringen, was sie sollen. Das gilt natürlich nur für zwei der drei Juroren. Dieter Bohlen ist gesetzt. Die drei sitzen an einem Tisch mitten im aufgeheizten Publikum und beobachten die Auftritte der Kandidaten auf einer Bühne. Nach der Darbietung brechen sie in Tränen aus (Darnell), loben (van der Vaart) oder beleidigen (Bohlen). Die Jurymitglieder haben zudem jeweils einen Knopf vor sich. Sobald dieser von allen gedrückt wird, fliegt der Kandidat sofort aus der Show. Die besten Kandidaten kommen weiter und in den Finalshows entscheiden dann die Zuschauer per Telefonvoting, wer die Show verlassen muss. Letztendlich bleibt zum Schluss nur „Das Supertalent“ übrig. (Aktuelle Jury bei Redaktionsschluss: Dieter Bohlen, Inka Bause, Bruce Darnell.)

Es moderiert RTL-Granate Marco Schreyl. Seit der zweiten Staffel assistiert ihm hinter der Bühne Daniel Hartwich als Co-Moderator, weil das britische Original auch von zwei

Moderatoren („Ant & Dec“) präsentiert wird. Aber auch davon ist man weg. Ab Staffel sechs moderiert Daniel Hartwich alleine.

Bei den internationalen Gewinnern kennt man in erster Linie den Briten Paul Potts, das ist der dicke Opernsänger aus der Telekomwerbung. Seine „Nachfolgerin“ in Großbritannien, Susan Boyle hat es immerhin schon in die Talkshow von Oprah Winfrey geschafft. In den USA haben bisher Bianca Ryan (elfjährige Sängerin), Terry Fator (Bauchredner) und Neal E. Boyd (Opernsänger) die Show gewinnen können. Von den deutschen Gewinnern kennen Sie vielleicht den Sänger Ricardo Marinello oder den Mundharmonikaspieler Michael Hirte.

Gewinn: Fette 100.000 Euro warten auf den Gewinner. Dazu winken vielleicht eine Promi-Karriere, CD-Veröffentlichungen, Konzerte und zahllose Auftritte in anderen RTL-Shows.

Warum sollte man hingehen?
Zeigen Sie allen Menschen in Deutschland, dass Sie ein echter Star sind. Hier können Sie auch mit ungewöhnlichen Talenten punkten und richtig viel Kohle absahnen.

Warum sollte man es lassen?
Die Show ist nur für absolute Profilneurotiker geeignet. Wenn Sie nur leiseste Zweifel haben, ob Sie für einen Auftritt vor Publikum geeignet sind, lassen sie es lieber bleiben. Zudem sollten Sie sich hinter die Ohren schreiben, dass möglicherweise auch unschöne Seiten aus Ihrem Leben in die Öffentlichkeit getragen werden. Gewinner Michael Hirte wurde über Wochen „über dem Knick“ in der BILD-Zeitung mit seinen Schicksalsschlägen porträtiert und war nicht so begeistert.

Sie können sich direkt bei der Produktionsfirma bewerben. Hier sind übrigens auch Bewerbungen von Kindern ausdrücklich erwünscht. Senden Sie eine DVD oder zumindest ein paar Fotos mit. Zudem gibt es auch offene Castings in verschiedenen Städten in Deutschland. Für diese Castings bewerben Sie sich nicht, sondern können einfach hingehen. Eine Terminübersicht finden Sie ebenfalls auf der Seite der Produktionsfirma.

Die Sendung ist wie eine Soap inszeniert. Bringen Sie eine gute Geschichte mit, seien Sie arm, verlassen, krank, alt oder voller Geheimnisse. Zudem müssen Sie unbedingt mit Ihrer Darbietung überraschen können. In der Show sollten Sie sich von der Jury nicht provozieren lassen, sondern nehmen die Kritik einfach mit einem Lächeln hin.

Bevor Sie hier teilnehmen, sollten Sie guten Freunden und Ihrer Familie das besondere Talent vorführen. Wenn nur Sie von sich überzeugt sind und alle anderen Menschen Ihr „Talent" für völlige Grütze halten, sollten Sie sich die Bewerbung lieber noch einmal überlegen. Eventuell machen Sie sich mit Ihrer ganz speziellen Darbietung zum Depp der Nation, holen Sie sich daher schon vor den Castings offene Kritik ein.

Besonders gute Chancen auf einen Auftritt in der Show haben Sie, wenn Sie eben nicht „nur singen" können. Zaubern Sie: Verbiegen Sie Ihren Körper, machen Sie Akrobatik oder hauchen Sie dem Bauchreden neues Leben ein. Das bringt Sie zwar noch lange nicht automatisch nach ganz vorne, aber Sie heben sich schon mal von den gefühlten 95% der singenden Kandidaten ab.

Bewerben Sie sich unbedingt bei der Produktionsfirma. Wenn Sie einfach spontan bei einem der offenen Castings auftauchen, sind Sie mit der Situation überfordert. Zudem unterschreiben Sie hier möglicherweise schon einen Vertrag, mit dem Sie die Rechte am eigenen Bild abgeben. Wenn Sie sich hier schon provozieren lassen und mit Ihrer Darbietung abschmieren, wird RTL das trotzdem gnadenlos ausstrahlen.

Telefongewinnspiele

Auf fast allen Sendern werden mittlerweile 0137-Rufnummern in die Kamera gerufen. Fast jede Werbepause beginnt mit einem derartigen Gewinnspiel und auch komplette Sender gibt es, die ausschließlich auf diese Spielchen über das Telefon setzen. Ich rate Ihnen ausdrücklich dazu, dass Sie bei den kostenintensiven Spielen nicht mitmachen. Zum einen ist das Programm der Abzocksender einfach nur unfassbar schlecht und geht dem ganzen Land auf die Nerven. Wenn niemand guckt oder mitmacht, wird dieser fürchterliche Fernsehinhalt schnell wieder verschwinden. Zum anderen kann aktuell niemand die Gewinnchancen bei diesen Spielen überprüfen.

Die Sender geben nicht bekannt, wie viele Menschen jeweils anrufen. Sehen Sie sich auf youtube mal an, was insbesondere der Sender NEUN LIVE mit seinen Zuschauern veranstaltet. Da werden Jackpotspiele organisiert, bei denen der Kandidat in Wahrheit keine Chance auf den Gewinn hat. Lösungsumschläge verschwinden plötzlich aus dem Bild und rätselhafte Kameraschwenks wirken zumindest merkwürdig.

Kein Sender möchte Ihnen durch das Gewinnspiel wirklich etwas schenken. Jeder Anruf kostet zwischen 0,50 Euro und 1,00 Euro. Von diesem Betrag erhält auch der Fernsehsender ein hübsches Sümmchen. Daher hat man natürlich großes Interesse daran, dass Sie häufiger anrufen, denn jeder Anruf bringt Geld. Sie kommen bei jedem Versuch durch, hören aber in der Regel „Bitte versuchen Sie es noch einmal. Diesmal haben Sie leider nicht gewonnen!“. Nur ein winzig kleiner Prozentsatz der Zuschauer darf seinen Namen auf eine Mailbox sprechen und hat dann (nach einem weiteren Losverfahren) die Chance auf den Gewinn. Zudem gibt es auch noch einen Gewinnspielmodus mit dem legendären „Hot Button“. Hier müssen Sie mit viel Glück von einem Zufallsgenerator ausgewählt werden (dann „hat der Hot Button zugeschlagen!“).

Diese Gewinnspiele dienen ausschließlich der Refinanzierung des Programms, das Sie gerade sehen. Da der Markt für TV-Werbung in den letzten Jahren eingebrochen ist, mussten sich die Fernsehmacher eben etwas einfallen lassen. Daher kosten auch Faxabrufe mittlerweile unfassbar viel Geld, es gibt jede Titelmelodie als Klingelton und völlig absurde Produkte werden als Merchandising zu Ihren Lieblingssendungen verkauft.

Wenn Sie trotzdem bei 0137-Gewinnspielen mitmachen möchten, finden Sie diese in fast allen Abendformaten der Privatsender (als Gewinnspiel über die Werbung gezogen) und zusätzlich im Teletext und diversen Programmfenstern. Auch im Hörfunk haben sich 0137-Nummern bereits breitgemacht. Wenn Sie Satellitenfernsehen empfangen können, finden Sie auch hier noch weitere Anbieter. Rund um die Uhr können Sie in Deutschland, Österreich und der Schweiz bei NEUN LIVE Ihre Telefonrechnung bluten lassen. Sollten Sie den Sender nicht über Ihr TV-Gerät empfangen können, gibt es das Programm auch auf www.9live.de als Live-Stream. Neben NEUN LIVE gibt es auch bei anderen Sendern derartige Gewinnspiele. Insgesamt ist das Genre zwar auf dem Rückzug, aber noch können Sie beispielsweise bei SuperRTL im MASTER QUIZ und anderen Shows zocken.

Achten Sie auf das Kleingedruckte! Manchmal ist eine Postkartenteilnahme möglich. Wenn Sie an dem Gewinnspiel unbedingt teilnehmen wollen, senden Sie lieber eine Karte. Sie müssen zwar in etwa den gleichen Betrag ausgeben, haben aber immerhin ganz sicher (!) ein Los in der Trommel.

Wenn Sie sich per 0137-Hotline hingegen um die Teilnahme an einer Show als Studiokandidat bewerben möchten (z.B. bei *Wer wird Millionär*), ist das meines Erachtens zwar auch nicht der optimale Weg, aber Sie landen hier zumindest garantiert auf dem Anrufbeantworter und haben die reelle Chance auf eine Teilnahme. Die Sender argumentieren gerne, dass durch die Kosten nur ernst gemeinte Bewerbungen eintreffen.

Es gibt übrigens – besonders häufig bei den öffentlich-rechtlichen Sendern – immer noch die klassischen Telefongewinnspiele, die Sie nicht ein Vermögen kosten. So veranstalten insbesondere die Magazine im Tagesprogramm immer wieder gerne Telefonaktionen zum Normaltarif, bei denen Sie etwas gewinnen können. Wenn Sie so ein regelmäßiges Gewinnspiel gefunden haben, notieren Sie sich unbedingt die Rufnummer. Beim nächsten Spiel wählen Sie schon mal alle Ziffern bis auf die letzte. Diese wählen Sie erst, sobald der Moderator Ihnen das Zeichen gibt, dass die Leitungen jetzt geschaltet sind. Meistens können Sie hier nicht die Million gewinnen, sondern kleinere Preise. Zumindest ein Kurztrip innerhalb Europas ist aber möglich.

Achten Sie darauf, dass Sie die Rufnummernübermittlung ausgeschaltet haben. Ansonsten bombardiert man Sie in Zukunft vielleicht mit unerwünschter Telefonwerbung. Machen Sie Ihren Fernseher unbedingt leise, wenn Sie beim Fernsehen anrufen. Es gibt sonst fürchterliche Rückkopplungen. Den Ton der Fernsehshow hören Sie immer über Ihren Telefonhörer, daher ist das kein Problem.

TV Total – Blamieren oder Kassieren...?

Comedy

In TV Total stellt Stefan Raab montags bis donnerstags TV-Pannen, Musikacts und Stars vor. Jeweils in der Dienstagsausgabe gibt es mit *Blamieren oder Kassieren?* hier eine Show in der Show. Dieses kleine Segment wird von Elton (Alexander Duszat) moderiert. Er stellt Raab und einem Studiokandidaten zehn Fragen und für die schnellste richtige Antwort gibt es 100 Punkte. Bei einer falschen Antwort werden 100 Punkte abgezogen. Der Gegner darf aber weiterhin antworten. Der Gewinner erhält am Ende des Spiels die Punktedifferenz in

Euro. (Letzte Aufzeichnung 16.12.2015. Bleibt im Buch, weil es schon Kultcharakter hat.)

Interessant ist, dass auch hier das Champion-Prinzip gilt: Wenn Sie das Spiel gewinnen, werden Sie in der nächsten Woche wieder eingeladen - und können erneut antreten!

Gewinn: Pro Ausgabe können Sie theoretisch 2.000 Euro gewinnen. Das würde allerdings voraussetzen, dass Raab zehn falsche Antworten gibt – und Sie alle Fragen beantworten können.

Warum sollte man hingehen?
So schnell können Sie im Fernsehen nirgendwo Geld gewinnen. Wenn Sie wirklich gut sind, haben Sie lange Zeit einen Nebenjob .

Warum sollte man es lassen?
Rechnen Sie mit witzigen Kommentaren zu Ihrer Person, das ist hier eine Comedyshow!

Sie können sich für „Blamieren oder Kassieren?!“ nicht direkt bewerben. Gehen Sie zu einer Dienstagsaufzeichnung von *TV Total*. Dann werden Sie eventuell für die Teilnahme ausgewählt.

Informieren Sie sich genau über die aktuellen Ereignisse der vergangenen Wochen. Viele Fragen sind aus diesem Bereich. Unterschätzen Sie zudem Ihren Gegner nicht. Raab kämpft verbissen bis zur letzten Minute.

Unter Volldampf

Kochshow

Fünf Hobbyköche verlassen ihre gemütliche Küche und zeigen in einem Top-Restaurant, was wirklich in Ihnen steckt. Dort dürfen Sie ein exklusives Vier-Gänge-Menü für 20 Stammgäste des Lokals zubereiten. Die Sendung läuft über fünf Tage. An vier Tagen kocht jeder der Kandidaten jeweils einen Gang aus seinem Menü, am verbleibenden fünften Tag spielt er den Oberkellner.

Die Stammgäste bewerten jeden Gang mit maximal zehn Punkten. So wird täglich der beste Gang des Abends ermittelt. Am Ende der Woche steht so der Gewinner fest.

Gewinn: der Wochengewinner erhält 3.000 Euro.

Warum sollte man hingehen?
Wenn Sie sich immer schon mal gefragt haben, wie der Alltag eines Kochprofis aussieht, bekommen Sie hier die Antwort. Finden Sie vor den Kameras raus, ob Sie mehr sind als „nur“ ein Hobbykoch!

Warum sollte man es lassen?
Die Sendung ist Stress pur! Sie müssen mit gemeiner Kritik und heftigem Konkurrenzdruck umgehen können. Exakt das ist aber natürlich der Witz bei der Geschichte.

Sie sollten in Ihrer Bewerbung nähere Angaben zu Ihren Fähigkeiten als Koch machen. Schreiben Sie, was Sie besonders gut kochen können und wie lange Sie Ihr Hobby schon ausüben. Reichen Sie unbedingt schon in der Bewerbung zwei (!) verschiedene Vorschläge für ein 4-Gänge-Gourmet-Dinner (jeweils mit Vorspeise, Zwischengang, Hauptgericht und Dessert) ein.

Bei *Unter Volldampf* ist Ihre TV-Erfahrung ausnahmsweise hilfreich. Die Produktionsfirma bestückt die Sendung sehr gerne mit ehemaligen Kandidaten aus *Das perfekte Dinner.* Wenn Sie also dort schon mal mitgemacht haben, geben Sie das in Ihrer Bewerbung an.

Üben Sie unbedingt mehrfach Ihr Menü daheim und laden Sie Freunde und Verwandte zum Testessen ein. Selbst, wenn Sie dann in der Sendung nicht gewinnen sollten, wird eine neue Beliebtheit Ihr Leben erfüllen.

Verstehen Sie Spaß?!

Show mit versteckter Kamera

Schon seit zahllosen Jahren gibt es in *Verstehen Sie Spaß?!* die legendären „Späße mit der versteckten Kamera". Geändert hat sich nicht viel, immer noch werden Prominente und ganz normale Passanten die Zielscheibe eines schadenfrohen Publikums am Samstagabend. Seitdem Frank Elstner die Show übernommen hat (und natürlich auch aktuell bei Guido Cantz) sucht die ARD innerhalb dieser Sendung den „Witzbold des Jahres". Dazu werden in jede Ausgabe der Show drei Witzeerzähler eingeladen, die ihre Späße dem Publikum vortragen. Per Zuschauerabstimmung wird in jeder Sendung ein Gewinner ermittelt, am Ende des Jahres geht es dann im großen Finale um den Hauptgewinn.

Gewinn: fette 10.000 Euro!

Warum sollte man hingehen?
Wenn Sie die Kohle wirklich einsacken, lachen Sie lauter als das ganze Land. Zudem ist der Aufwand hier wirklich gering.

Warum sollte man es lassen?
Wenn man Witze vor einem Millionenpublikum erzählt und keiner lacht, dann kann das verdammt peinlich werden...

Hier sollten Sie unbedingt ein fröhliches Foto von sich beifügen. Lachen Sie und zeigen Sie, dass Sie ein witziger Mensch sind. Schreiben Sie zusätzlich, dass Sie Ihren Kegelclub, die Familie und ihre ganze Firma unterhalten. Geben Sie ruhig etwas (!) an und seien Sie hier bei der Bewerbung originell. Hier dürfen Sie ausnahmsweise mal auffallen! Zudem müssen Sie Ihren Lieblingswitz beifügen, bis zu fünf Witze dürfen Sie einsenden. Es gibt auch hier ein Casting. Sie werden also nicht direkt in die Sendung eingeladen, sondern zunächst begutachtet.

Es ist völlig egal, dass Sie Ihren Witz schon x-fach erzählt haben. Sie werden am Samstagabend in einer Live-Show vor riesigem Publikum unfassbar nervös sein. Stellen Sie sich darauf schon einmal ein, dann wird das nicht ganz so schlimm. Üben Sie Ihre Witze unbedingt vor Ihrem Bekanntenkreis und nehmen Sie sich Kritik wirklich zu Herzen. Die Auswahl der Witze ist natürlich Geschmackssache. Generell sind Mundart-Witze eher schwierig und zu Blondinen, Mantafahrern und Ostfriesen ist eigentlich alles gesagt. Beim behäbigen Publikum der Show haben Sie hingegen mit leicht schlüpfrigem Material gute Karten.

Wer hat's gesehen – Das TV Kultquiz
Quizshow

Oliver Welke, selbst bekennender TV-Junkie, führt durch das Quiz. In der ersten Runde wählt ein Zufallsgenerator die Reihenfolge der Fragen aus, das passiert auf einer klassischen Ratewand im Studio. Die Fragen stammen aus den Rubriken

„Stars“, „Serien“, „Shows“, „Ereignisse“ und „Fragezeichen“. Manchmal gibt es zu Aufgaben eine kleine Filmeinspielung, häufig werden die Fragen aber auch einfach nur von Moderator Welke vorgelesen. Die erste Runde ist nach dem Multiple-Choice-Prinzip aufgebaut, die drei Kandidaten bekommen jeweils vier Antwortmöglichkeiten und geben ihren Tipp auf einem Touchscreen ab.
Die beiden Kandidaten mit den höchsten Punkteständen kämpfen in der zweiten Runde um den Einzug ins Finale. Die zweite Runde ist bunter. Hier müssen Titelmelodien erkannt werden, es gibt ein kleines Puzzlespiel und auch Produkte aus der Fernsehwerbung werden vom Moderator abgefragt.

Im großen Finale der Sendung spielt der beste Kandidat aus den Vorrunden um fünf Preise. Vor jeder Multiple-Choice-Frage muss er einen der Preise setzten. Wenn er die Antwort richtig geben kann, gehört der Preis ihm. Die beiden Verlierer bekommen als Trostpreis eine große Kiste mit TV-Devotionalien.

Die Sendung ist eine echte Eigenentwicklung des NDR. Hinter dem Format steckt der kreative Kopf Dominique Lars Ziesemer, den Sie vielleicht als Moderator des ARD Ratgeber Technik kennen. Eva Herman war die erste Moderatorin von *Wer hat´s gesehen?!*. Oliver Welke ist erst seit 2008 als Fragensteller dabei. Mittlerweile hat sich auch das Konzept leicht gewandelt. Früher gab es für den Champion die Komparsenrolle und einen Fernseher. Die Diagonale des Fernsehers richtete sich damals nach der Anzahl der beantworteten Fragen.

Gewinn: Hier können Sie ein komplettes Heimkino mit Dolby-Suroundsystem, Beamer, DVD-Recorder und Kamera gewinnen. Wenn Sie dann im Finale auch noch die (leichte) Zusatzfrage beantworten, dürfen Sie sogar eine kleine Komparsenrolle im Tatort übernehmen.

Warum sollte man hingehen?
Die Sendung ist eine sympathische Produktion mit liebevoll zusammengestellten Einspielfilmen und Fragen. Man merkt an der Atmosphäre im Studio, dass die Redakteure der Show viel Spaß bei der Vorbereitung haben. Zudem ist der Gewinn einer Komparsenrolle im Tatort sicherlich einzigartig im deutschen Fernsehen.

Warum sollte man es lassen?
Sie müssen sich im TV richtig gut auskennen. Gefragt sind hier nur die echten Fachidioten mit den viereckigen Augen. Wenn Sie nur auf ein Heimkino scharf sind und keinen Spaß an der TV-Geschichte haben, sollten Sie besser in eine andere Quiz Show gehen, denn bei Welke sind Ihre Gegner echte Fernsehfreaks.

Sie sollten in der Bewerbung Witz und jahrelangen TV-Konsum vermuten lassen. Zudem haben Sie sehr gute Chancen, wenn sie mit zwei X-Chromosomen ausgestattet sind, denn die männlichen Kandidaten sind momentan deutlich in der Überzahl.

Beim NDR haben Sie es mit hochprofessionellen und sehr netten Redakteuren zu tun. Man spürt, dass hier immer noch nicht der Druck des Privatfernsehens herrscht. Sie werden respektiert und sind eben nicht „nur“ die Kandidaten, sondern die wichtigen Hauptdarsteller der Show.

Sie haben bei *Wer hat´s gesehen?!* eine sehr gute Chance auf den Hauptgewinn, da Sie ja nur zwei Gegenkandidaten aus dem Weg spielen müssen.

In der ersten Runde können Sie theoretisch zu Ihren Nachbarkandidaten schielen, da die gedrückten Antwortbuchstaben sehr groß auf einem Display vor Ihnen erscheinen. Wenn Sie dabei erwischt werden, ist das natürlich hochnotpeinlich.

Bereiten Sie sich auf die Show anständig vor: Stöbern Sie in Schwarten zur Fernsehgeschichte, sehen Sie sich alte Ausschnitte im Internet an und sprechen Sie mit Freunden über die Lieblingssendungen aus der Kindheit. Das macht Spaß und verhilft Ihnen vielleicht zum Heimkino!

Das weiss doch jedes Kind!

Quiz

Es klingt so einfach: Eigentlich muss man in dieser Sendung nur ein paar Fragen beantworten, die aus dem Unterrichtsstoff der Klassen Eins bis Fünf stammen. In Wahrheit ist diese Sendung das gemeinste Quiz im deutschen Fernsehen.

Ständig ertappt man sich bei dem Gedanken „Verdammt, das wusstest Du auch schon mal!". Den Kandidaten im Studio geht es ebenso. Dinge, die tatsächlich jedes Kind weiß, sind hier plötzlich eine sechsstellige Summe Geld wert.

Bevor das Spiel beginnt, bekommt der Kandidat auf einer Tafel insgesamt zehn Unterrichtsfächer genannt, die zusätzlich noch einer Klassenstufe zugeordnet sind. Aus jeder Klassenstufe von 1-5 werden zwei Fächer angezeigt.

Die Fragen können in beliebiger Reihenfolge beantwortet werden, der Gewinn erhöht sich jeweils nach diesem Prinzip:

1. Frage:	500€	
2. Frage:	1.000€	
3. Frage:	2.500€	
4. Frage:	5.000€	
5. Frage:	10.000€	(Sicherheitsstufe)
6. Frage:	20.000€	
7. Frage:	30.000€	

8. Frage:	50.000€
9. Frage:	75.000€
10. Frage:	100.000€
11. Frage:	200.000€

Die elfte Frage wird als Bonusfrage gespielt. Der Kandidat kann hier seinen bis dahin erspielten Gewinn von 100.000 Euro auf 200.000 Euro verdoppeln. Sollte man eine Frage nicht beantworten können, stehen fünf „Mitschüler“ (im Alter von zehn oder elf Jahren) hilfreich zur Seite. Jeweils ein Kind spielt parallel zum Kandidaten an einem zweiten Pult und schreibt hier seine Lösungsvorschläge auf.

Der Kandidat kann jetzt einmalig entweder „Spicken“, „Abschreiben“ oder den Joker „letzte Rettung“ benutzen. Beim „Spicken“ kann er sich die Antwort des Kindes ansehen und entscheidet dann, wie er selbst antworten möchte. Beim „Abschreiben“ übernimmt der Kandidat die Antwort des Klassenkameraden ungesehen. Die „letzte Rettung“ bewahrt den Spieler vor dem Ausscheiden. Sollte er falsch geantwortet haben, das Kind hat aber die richtige Lösung aufgeschrieben, so ist der Kandidat gerettet. Dieser Joker wird automatisch bei der ersten falschen Antwort des Kandidaten aktiviert.

Durch die Sendung führt Cordula Stratmann, die das unglaublich unterhaltsam hinbekommt.

Gewinn: Hier sind 200.000 Euro möglich!

Warum sollte man hingehen?
Bereits nach fünf Fragen haben Sie garantiert einen fünfstelligen Euro-Betrag gewonnen.

Warum sollte man es lassen?
Der Schwierigkeitsgrad ist wirklich nicht zu unterschätzen. Zudem müssen Sie sich mit dem Satz „Das weiß doch jedes Kind – ich aber nicht!“ aus der Sendung verabschieden.

Auch das „High Five!“ zwischen Kandidat und Mitschülern zu Beginn der Show wirkt oft peinlich, ist aber anscheinend vom Sender so gewünscht.

Was Sie für Ihre Bewerbung brauchen: Fügen Sie ein Foto bei, auf dem Sie bei Ihrer Einschulung zu sehen sind. In der Sendung wird das später während Ihres Auftritts auf dem großen Monitor im Studio zu sehen sein.

Stellen Sie sich darauf ein, dass Sie während der gesamten Sendung mit dem Rücken zum Publikum stehen. Einige Menschen macht das nervös.

Versuchen Sie, in dieser Show möglichst viel Spaß zu haben. Die Sendung lebt davon, dass die Kinder hier einfach besser sind als die erwachsenen Kandidaten. Cordula Stratmann wiegelt zusätzlich auf, macht das aber sehr charmant. Das ist wirklich eine nette Familienshow. Niemand will Sie hier ernsthaft verlieren sehen.

Die Fragen sind teilweise trotzdem sauschwer, aber wirklich aus Schulbüchern der ersten fünf Klassen. Sie können sich hier auf Ihre „Mitschüler“ verlassen, die Kinder wissen in fast allen Fällen die Antwort. Mit den vorhandenen Jokern (und etwas eigenem Wissen) sollte die Sicherheitsstufe von 10.000 Euro zu erreichen sein – und das ist ja wirklich schon eine schöne Stange Geld.

Bedenken Sie, dass Sie selbst nach einer falschen Antwort noch nicht aus dem Spiel sind. Sie haben ja immer noch den Joker „Letzte Rettung“!

Wer weiss es?

Quizshow

Während die tägliche Gameshow mittlerweile für keinen Privatsender mehr eine Option zu sein scheint, hat der HR klammheimlich das Comeback dieses Genre eingeleitet. Werktäglich sucht Petra Theisen, die ehemalige Moderatorin des ARD-Wirtschaftstelegramms, mit ihren Kandidaten nach Worten, Musiktiteln und Trivia.

In den ersten beiden Runden spielen jeweils zwei Kandidaten gegeneinander. Die beiden Gewinner kämpfen in der dritten Runde dann um den Platz im Finale – und damit um die Chance auf 1.000 Euro! Die Show startet mit einer Wissensrunde, die aus neun Fragen besteht. Für jede richtige Antwort gibt es Punkte. Sollte ein Kandidat falsch antworten, darf der Gegenkandidat sein Glück probieren. Im anschließenden Silbenrätsel müssen die Kandidaten Silben zu Wörtern zusammensetzen. Dann wird es mit dem „Schüttelrätsel" noch eine Stufe schwieriger. Hier müssen Buchstaben in die richtige Reihenfolge gebracht werden, damit ein sinnvoller Begriff entsteht. Im „Kreuzworträtsel" gleich danach füllen die Kandidaten das Gitternetz auf der Ratewand mit den passenden Begriffen. So lange, wie ein Kandidat hier die richtigen Antworten gibt, darf er weiterspielen. Im Anschluss erraten die beiden Kandidaten dann eingespielte Musiktitel. Nach diesem Spiel entscheidet sich, welcher der beiden Kandidaten den höheren Punktestand hat. Dieser darf dann ins Finale einziehen.

Jetzt folgt eine Art Déjà-vu: Denn Moderatorin Petra Theisen spielt exakt die gleichen Spiele noch einmal – allerdings mit zwei anderen Kandidaten und unterschiedlichen Aufgaben. So wird der zweite Teilnehmer der Finalrunde ermittelt.

Die beiden Gewinner der ersten Runde beweisen in Runde 3 zunächst wieder ihr Wissen in einer allgemeinen

Fragerunde. Wenn die Kandidaten nicht direkt eine Antwort geben können, hilft die Moderatorin mit Hinweisen. Danach gibt es mehrere kleinere Spiele bis es durch das Spiel „Rangliste“ (hier werden Begriffe zu einer Kategorie gesucht) einen Gewinner dieser Runde gibt. In der Bonusrunde spielt dieser Kandidat dann um einen Geldgewinn. Dazu wird ihm ein Wort mit drei Buchstaben angezeigt. In jeder weiteren Stufe kommt ein Buchstabe hinzu – und der Kandidat muss ein sinnvolles Wort daraus bilden.

Übersicht der Gewinnstufen:

1. Frage:	50€	(drei Buchstaben)
2. Frage:	100€	(vier Buchstaben)
3. Frage:	250€	(fünf Buchstaben)
4. Frage:	500€	(sechs Buchstaben)
5. Frage:	750€	(sieben Buchstaben)
6. Frage:	1.000€	(acht Buchstaben)

Gewinn: Maximal können 1.000 Euro erspielt werden.

Warum sollte man hingehen?
Außerhalb des HR-Sendegebiets hat noch niemals jemand von dieser Show gehört. Selbst, wenn Sie hinfallen und sich zum Volldeppen machen, können Sie sich außerhalb von Hessen immer noch in die Öffentlichkeit wagen. Die Aufgaben in der Sendung sind zudem wirklich zu bewältigen. Lediglich das Spiel „Rangliste“ ist tückisch.

Warum sollte man es lassen?
Für 1.000 Euro verlassen einige Menschen nicht einmal mehr das Haus. Bedenken Sie, dass Sie drei andere Kandidaten aus dem Rennen kegeln müssen, damit Sie überhaupt die Chance auf den Hauptgewinn haben.

Der Hessische Rundfunk macht ein großes Geheimnis aus dem Bewerbungsverfahren. Auf der Homepage zur Sendung findet sich kein einziger Tipp zur Kandidatenbewerbung.

Auch in der Sendung gibt es keinen Hinweis durch die Moderatorin. Wenn es einem schon so schwer gemacht wird, sind die Chancen auf eine Teilnahme an der Sendung natürlich super, denn schließlich werden täglich vier Kandidaten benötigt. Wenige Bewerbungsaufrufe bedeuten natürlich auch wenige Kandidatenbewerbungen. So steigen Ihre Chancen! Lösen Sie vor dem Auftritt bei Petra Theisen unbedingt ein paar Kreuzworträtsel, da Sie exakt das auch in der Sendung machen müssen. Auch sonst können Sie hier gut mit Omas alten Rätselheften üben. So findet man das Silbenrätsel und die Buchstabenzuordnung ebenfalls im Heft vom Zeitschriftenhändler. Beim Spiel „Rangliste“ können Sie oft nur raten. Nutzen Sie Ihre Bedenkzeit hier weise.

Die Sendung ist eine nette Nachmittagsunterhaltung. Verbissene Kämpfer sind hier nicht gerne gesehen, obwohl die Fragen wirklich nur so rausgefeuert werden. Das Geld sollte Sie also nicht zu sehr interessieren, bleiben Sie entspannt.

Wer wird Millionär?

Quizshow

„Hinsetzen. Aufstehen. Millionär.“ – So lautete der beste RTL-Werbeslogan aller Zeiten. Gemeint ist damit natürlich *Wer wird Millionär?* mit Günther Jauch. Unzählige Menschen sehen sich immer noch rund um den Globus die regionalen Ausgaben von *Who wants to be a millionaire?!* (so der englische Originaltitel) an - und zahllose Billigkopien des Konzepts überschwemmten zu Beginn des Jahrtausends die Fernsehmärkte.

Der Ausspruch „Da muss ich jemanden anrufen!“ hat Eingang in die Popkultur gefunden und so manchen Lehrer in den Wahnsinn getrieben. Eigentlich muss man zu WWM nicht mehr viel sagen. Der Vollständigkeit halber soll aber auch diese Sendung kurz erklärt werden: Zehn Kandidaten sitzen in einer großen Runde und haben jeweils einen kleinen Computer mit den Tasten A-B-C-D vor sich. Der Moderator stellt eine Frage, bei der vier vorgegeben Antworten in die richtige Reihenfolge gebracht werden müssen. Dazu drücken die Kandidaten auf ihre Tasten – und bestätigen die Eingabe. Sobald feststeht, welcher Kandidat die richtige Reihenfolge am schnellsten eingetippt hat, darf dieser um die Million spielen. Der Moderator bittet den Kandidaten nach vorne und erklärt ihm die Regeln: 15 Multiple-Choice-Fragen müssen bis zur Million beantwortet werden.

Bei einer falschen Antwort verliert der Kandidat sein gesamtes Geld. Bei 500 Euro und 16.000 Euro sind allerdings Sicherheitsstufen eingebaut. Wenn der Kandidat die Fragen zu diesen Beträgen richtig beantwortet, hat er zumindest diesen Betrag sicher. Ein Ausstieg aus dem Spiel ist vor dem „Einloggen" der Antwort jederzeit möglich.

Sollte der Kandidat eine Frage nicht beantworten können, so stehen ihm drei Joker zur Verfügung. Der „Telefonjoker" erlaubt den Anruf bei einem von drei Freunden, der „50:50 Joker" lässt zwei falsche Antworten verschwinden und beim „Publikumsjoker" geben die Studiozuseher ein Mehrheitsvotum über die richtige Antwort ab. Es können auch mehrere Joker bei einer Frage eingesetzt werden.

In der deutschen Version von WWM kann man zusätzlich eine „Risiko-Variante" spielen. Dabei fällt die Sicherheitsstufe bei 16.000 Euro weg, dafür kann man einen „Zusatzjoker" (beliebige Person aus dem Studiopublikum) auswählen.

Übersicht der Gewinnstufen:

1. Frage:	50 €	
2. Frage:	100 €	
3. Frage:	200 €	
4. Frage:	300 €	
5. Frage:	500 €	Sicherheitsstufe
6. Frage:	1.000 €	
7. Frage:	2.000 €	
8. Frage:	4.000 €	
9. Frage:	8.000 €	
10. Frage:	16.000 €	Sicherheitsstufe
11. Frage:	32.000 €	
12. Frage:	64.000 €	
13. Frage:	125.000 €	
14. Frage:	500.000 €	
15. Frage:	1.000.000 €	

Neben der klassischen Variante peppt RTL die Sendung manchmal mit Sonderausgaben auf. So gab es in der Vergangenheit bereits ein *Blind Date Special* und eine Version für Familien. Für diese Sendungen können Sie sich gesondert bewerben.

Gewinn: In der deutschen Version sind eine Million Euro möglich. Dieser Betrag wurde bereits von mehreren Kandidaten gewonnen. Der Sender ist übrigens gegen die Gewinnsumme versichert.

Warum sollte man hingehen?

Sie haben die Chance auf einen Millionengewinn in nur 48 Minuten. Das ist mit Abstand das beste Angebot im gesamten deutschen Fernsehen. Zudem nehmen Sie an einer der erfolgreichsten Fernsehshows der Welt mit dem beliebtesten Moderator der Deutschen teil.

Warum sollte man es lassen?

Besonders in einer sehr erfolgreichen Phase der Sendung

schafften es Kandidaten bis auf den Titel von Deutschlands größter Boulevardzeitung. Ob man das möchte, wird man natürlich nicht gefragt. Zudem könnten Sie nach der Ausstrahlung dumm vor ihren Bekannten dastehen. Und falls Sie wirklich die Million abräumen, rechnen Sie damit, dass Sie permanent angepumpt werden.

Um eine Million zu gewinnen, müssen Sie zunächst investieren. Auf den Stuhl zu Günther Jauch kommen Sie nur, wenn Sie mindestens 49 Cent ausgeben. Sie können eine Postkarte schreiben, im Internet (kostenpflichtig) eine Kandidatenbewerbung absenden, auf einer Hotline anrufen oder eine SMS schicken. Sie können (und sollten) sich auf mehreren Wegen bewerben, wenn Sie in der Sendung als Kandidat teilnehmen möchten.

Die Auswahl der Mitspieler bei WWM erfolgt nach dem Zufalls-prinzip. Prinzipiell kann es also auch der langweiligste Kandidat der Welt auf den Stuhl zu Jauch schaffen. Wenn Sie einen Rückruf von der Produktion erhalten, wird man mit Ihnen ein kurzes Telefoninterview führen. Zunächst gleicht man die übermittelten Daten ab und fragt Sie möglicherweise nach weiteren Kontaktmöglichkeiten. Dann stellt Ihnen die nette Dame von Endemol ein paar Fragen zu Ihrer Person und Ihren Hobbys. Ihnen wird dann am Telefon schon mitgeteilt, für welche Aufzeichnungstermine Sie in der engeren Kandidatenauswahl sind. Anschließend werden Sie mit einem kurzen Wissensquiz am Telefon geprüft. Die letzte Frage bei diesem Interview bezieht sich auf eine Jahreszahl („In welchem Jahr wurde William Shakespeare geboren?"). Wenn Sie die Antwort nicht wissen, schätzen Sie unbedingt. Wer nah an der Zahl liegt, wird für ein zweites Telefoninterview zurückgerufen und hat es damit schon fast auf den Stuhl zu Jauch geschafft!

Spätestens das zweite Telefoninterview kann durchaus auch eine Stunde dauern. Seien Sie bei diesem Gespräch unbedingt charmant und suchen Sie sich eine ruhige Ecke zum Telefonieren. Sie dürfen auf keinen Fall in irgendeiner geschäftlichen Beziehung zu RTL Television oder Endemol stehen. In diesem Punkt ist man bei der Produktion sehr strikt. Wenn Sie ehemaliger Mitarbeiter dieser Firmen sind, müssen Sie mindestens zwei Jahre aus dem Unternehmen ausgeschieden sein. Sonst dürfen Sie nicht zu Jauch.

Für die Teilnahme an der Show müssen Sie drei (!) Telefonjoker nennen und wählen dann erst als Kandidat in der Show einen dieser Joker aus. Überlegen Sie sich also rechtzeitig, wen Sie als Joker nominieren wollen und stellen Sie sicher, dass Ihre Joker am Aufzeichnungstag auch neben dem Telefon sitzen. Ihre Telefonjoker sollten möglichst unterschiedlich sein. Suchen Sie einen Naturwissenschaftler, einen Humanisten und einen Sport-Experten. Zudem kann die Abbildung verschiedener Altersstufen durch Ihre Telefonjoker ebenfalls nicht schaden.

Wenn Sie in der Auswahlrunde zu Beginn der Sendung keine Ahnung haben, drücken Sie einfach schnellstmöglich irgendeine Kombination der Antworten und bestätigen Sie unbedingt mit der Auswahltaste.

In der Sendung können Sie zwischen zwei Spielvarianten wählen. Der Zusatzjoker kann Ihnen sehr viel Geld einbringen, daher ist die „Risiko-Variante“ absolut empfehlenswert. Natürlich dürfen Sie dann nicht mehr wild raten, wenn Sie eine Antwort nicht wissen! Sonst fallen Sie auf bescheidene 500 Euro zurück. Sobald Sie einen Zusatzjoker aus dem Publikum ausgewählt haben, dürfen Sie ihn auch „interviewen“. Der Kandidat aus dem Publikum erhält 500 Euro, wenn er richtig antwortet. Daher stehen manchmal auch Menschen auf, die keine Ahnung haben. Fragen Sie also genau nach („Woher wissen Sie das?! Wie sicher sind Sie?!“), damit Sie in etwa das Risiko einschätzen können.

Wenig bekannt ist die Tatsache, dass Sie als Kandidat auf einen „erweiterten Telefonjoker" zurückgreifen können. Wenn Sie nicht glauben, dass einer Ihrer Telefonjoker die Antwort kennt, können Sie einen per Zufallsgenerator ausgewählten Menschen in Deutschland anrufen und um Hilfe bitten. Eingrenzungen in Bezug auf Geschlecht oder Wohnort sind hier möglich. In der Sendung vom 14. September 2007 hat ein Kandidat so bei einer Frage zur Berliner Siegessäule einen zufällig ausgewählten Teilnehmer aus Berlin angerufen und so die richtige Antwort erhalten. Diese Variante des Telefonjokers ist bei Fragen mit sehr regionalem Bezug unbedingt zu empfehlen!

Wenn Sie den Publikumsjoker noch nicht „verquizt" haben, denken Sie nicht laut! Das Studiopublikum ist stark beeinflussbar. Denken Sie kurz über die Frage nach und greifen Sie beherzt zu diesem Joker.

Mit ihren Telefonjokern sollten Sie die Situation schon vorher üben. Also: Stoppuhr neben das Telefon, schwierige Fragen vorbereiten und dann anrufen. So nehmen Sie ihrem Joker die Nervosität vor der Show und sehen auch selbst, wie man eine Frage gut über das Telefon stellt. Der Telefonjoker darf keine Hilfsmittel benutzen. Wenn über die Telefonleitung zu hören ist, dass er blättert, im Internet sucht oder sich mit weiteren Personen berät, werden Sie sofort vom Spiel ausgeschlossen. Probieren Sie das also nicht!

Wenig bekannt ist die Tatsache, dass Sie sich auch als Deutscher für die österreichische Version der Sendung bewerben können. Die *Millionenshow* mit Armin Assinger wird ebenfalls in Hürth aufgezeichnet und die Bewerbung ist über die Internetseite des ORF (www.orf.at) kostenlos möglich. Sie sollten sich allerdings bewusst sein, dass möglicherweise Fragen mit Regionalbezug auftauchen. Daher ist der Konsum von österreichischen Medien einige Wochen vor der

Aufzeichnung unbedingt zu empfehlen. Wenn Sie sich zur Vorbereitung eine Sendung im Studio ansehen möchten, empfehle ich ebenfalls die österreichische Variante. Bei *Wer wird Millionär?!* müssen Sie auf Tickets oft sehr lange warten. Für die Variante mit Assinger ergattern Sie hingegen sehr schnell eine Eintrittskarte.

Wetten, dass...?

Show-Event

Diese Show lief 33 Jahre von 1981-2014 im deutschen Fernsehen. Weltstars treffen auf absurde Wetten, einen zotteligen Zirkusdirektor und ein viel zu großes Budget für eine öffentlich-rechtliche Sendung. Zudem wird hier tagelang geprobt, dann live am Samstag ausgestrahlt und für jeden Künstler ein individuelles Bühnenbild angefertigt. Wenn Sie mit so einem Konzept bei einem beliebigen Privatsender klingeln, werden Sie vermutlich sofort wieder vor die Tür gesetzt. Das ZDF bastelt aus diesen Zutaten regelmäßig die erfolgreichste Fernsehshow Europas.

Das Konzept ist bestechend einfach: Ein Wettkandidat wettet, dass er eine bestimmte Leistung vollbringen kann. Ein prominenter Wettpate tippt auf den Ausgang der Wette und muss (falls er verliert) einen Wetteinsatz entrichten.

Gewinn: Der Wettkönig erhält ein Auto.

Warum sollte man hingehen?

Zu *Wetten, dass...?* geht man nicht, weil man gewinnen will. Diesen Wahnsinn muss man einfach einmal live im Studio erlebt haben und als Kandidat steckt man natürlich mittendrin. Hier können Sie nur wenige Meter entfernt von Madonna einen LKW auf vier Eier stellen oder sich in ganz Europa bis

auf die Knochen blamieren. Zudem ist der ZDF Medienempfang, die offizielle Backstage-Party,- eine der besten Veranstaltungen der gesamten Branche.
Hier können Sie mit Gottschalk anstoßen und sind als Wettkandidat Ehrengast!

Schade, dass es diese Show nicht mehr gibt. Wenn auch verständlich. Im Dezember 2010 ist der Wettkandidat Samuel Koch, damals 23 Jahre alt, bei dem Versuch auf Sprungstelzen über ein fahrendes Auto zu springen, schwer verletzt worden. Zum ersten Mal in der *Wetten, dass...?*-Geschichte wurde die Sendung unterbrochen. In der darauf folgenden Sendung gab Gottschalk bekannt, dass er die Moderation abgeben wird. Nach einer aufwendigen Suche (alle Wunschkandidaten des ZDF lehnten ab), übernahm Markus Lanz die Show. Ab jetzt gingen die Quoten immer mehr nach unten.

(Aus nostalgischen Gründen, und weil es vielleicht doch mal wiederkehrt, blieb der folgende Abschnitt im Buch)

Warum sollte man es lassen?
Der Druck könnte dazu führen, dass Sie durchdrehen! Ein riesiges Publikum in der Halle (und der gesamte Kontinent vor dem Bildschirm) sehen Ihnen genau auf die Finger!

Schicken Sie direkt ein Video (noch besser: eine DVD) von sich mit! Mittlerweile können Sie auch ein Videofile über das Formular auf zdf.de hochladen. Falls sich die Redaktion für Ihre Wette begeistern kann, werden Sie ohnehin von einem ZDF-Mitarbeiter besucht, der ein kleines Filmchen von Ihnen anfertigt. Zeigen Sie schon vorher, dass sich das wirklich lohnt und machen Sie Ihr eigenes Video! Stellen Sie sich und Ihre Idee kurz vor, und dann filmen Sie sich bei Ihrem ungewöhnlichen Talent!

Sie sollten für die Teilnahme mindestens sechs Jahre alt sein. In diesem jugendlichen Alter können Sie sich für die

Kinderwette qualifizieren. In jedem Fall gilt, dass Sie ihre Wette innerhalb von sechs Minuten vorführen können.

Zudem sieht das ZDF es nicht so gerne, wenn Sie mit ihrer Nummer schon vor Zuschauern aufgetreten sind.

Bei *Wetten, dass...?* handelt es sich um eine Sendung, die das ZDF zusammen mit dem ORF in Österreich und dem SF in der Schweiz veranstaltet. Sie können sich auch aus diesen Ländern mit einer originellen Wette bewerben.

Wirken Sie in der Sendung nicht altklug! Gottschalk ist und bleibt der Star. Überzeugen Sie also nicht durch die übliche Grußorgie und ein peinliches T-Shirt, sondern führen Sie lieber eine skurrile Wette vor! Sehr gute Chancen haben Sie auch, wenn Sie ein (Haus-) Tier in Ihre Wette integrieren können. Falls Ihr Hund also ein Kunststück beherrscht, sollten Sie mal überlegen, wie man das in eine Wette verwandeln kann.

Prinzipiell gewinnen bei *Wetten, dass...?* häufig Menschen, die originelle Dinge mit Alltagsgegenständen zeigen. Wenn Ihre Wette dann noch leicht anzüglich ist (nackte Haut), mit Bierflaschen durchgeführt wird oder optisch einfach nur lustig aussieht, können Sie als Wettkönig aus der Sendung hervorgehen.

Wipeout – heul nicht, lauf!

Action-Spielshow

Gleich 24 Kandidaten kämpfen sich in Argentinien durch einen Action-Parcours mit vielen feuchten Fallen. Die besten zwölf Läufer stehen in der zweiten Runde auf hohen Podesten und müssen aufpassen, dass der „Sweeper“ sie nicht ins Wasser schubst. Wer das die längste Zeit aushält, gewinnt hier bereits 1.000 Euro. Sechs Kandidaten schaffen es aus dieser Runde ins Halbfinale, wo sie einen weiteren Parcours absolvieren. Nur vier Kandidaten spielen im großen Finalparcours und der schnellste Mitspieler gewinnt die 10.000 Euro. Der Wettbewerb wird dabei sehr süffisant von Matthias Opdenhövel und Werner Hansch kommentiert. Zumindest war das 2009 so.

Gewinn: Der Gewinner erhält 10.000 Euro. Zudem ist der kleine Ausflug nach Argentinien sicherlich auch nicht zu verachten...

Warum sollte man hingehen?
Wenn Sie früher schon immer mal bei *Spiel ohne Grenzen* mitmachen wollten, können Sie das heute in dieser kleinen Version nachholen.

Warum sollte man es lassen?
Sie könnten sich verletzen. Zudem kann es passieren, dass Sie peinlich fallen. Das wird ProSieben dann in Zeitlupe ausschlachten und von Opdenhövel hämisch kommentieren lassen.

Für die Teilnahme an dieser Sendung müssen Sie mindestens 21 Jahre alt sein. Beachten Sie zudem, dass die Show in Südamerika aufgezeichnet wird. Fragen Sie Ihren Arzt, ob sie mit dem Klima dort zurechtkommen und lassen Sie sich gegebenenfalls impfen. Sie brauchen zudem einen gültigen Reisepass. Kümmern Sie sich rechtzeitig darum, da Sie nach der Antragstellung ca. sechs Wochen darauf warten müssen.

Gucken Sie sich verschiedene Folgen von *Wipeout* an und studieren Sie den Parcours ganz genau. Achten Sie dabei unbedingt auf die Technik der erfolgreichen Kandidaten. Sie müssen hier absolut fit sein! Die Sendung ist kein Kindergeburtstag. Trainieren Sie zudem Ihre Reflexe und Ihren Gleichgewichtssinn.

Prinzipiell sollten Sie sich einfach ein paar schöne Tage in Südamerika gönnen. Bei 24 Kandidaten ist die Chance auf den Hauptpreis eher gering. Zudem hat die ganze Geschichte auch sehr viel mit der Tagesform und Glück zu tun.

Wohnen nach Wunsch – das Haus

Doku-Soap

Auch bei Vox entschied man sich, die tägliche Sendung *Wohnen nach Wunsch - Ein Duo für vier Wände* zu beenden und gegen eine wöchentliche Variante einzutauschen. Neben *Einsatz in 4 Wänden - Spezial* und *Zuhause im Glück* - unser Einzug in ein neues Leben ist die Sendung damit das dritte Format, welches menschliches Elend mit einem neuen Haus belohnt. Auch hier gilt: Sie haben ein schweres Leben und ein mieses Haus, dann kann der Sender zumindest beim schöneren Haus behilflich sein! Also werkeln die verschiedenen Teams der Show in jeweils nur vier Tagen am Traumhäuschen herum. Die Besitzer sind derweil kuschelig in einem Hotel untergebracht, bekommen Videobotschaften von der Baustelle und freuen sich wahnsinnig über das fertige Domizil.

Gewinn: eine Komplettrenovierung des eigenen Hauses!

Warum sollte man hingehen?
Hier dürfen Sie vor dem Anrücken des TV-Teams Ihre Schränke leeren und Ihre persönlichen Sachen in Sicherheit bringen. Daher ist es eher unwahrscheinlich, dass peinliche Gegenstände vor einem Millionenpublikum ausgeschlachtet werden.

Warum sollte man es lassen?
Ihr Haus wird in nur vier Tagen auf links gezogen. Das bedeutet möglicherweise, dass die Renovierung nicht ganz so

gründlich ist. Zudem ist der Produktionsdruck von nur vier Tagen nicht zu unterschätzen. Es könnte also stressig werden.

Bewerben Sie sich einfach mit vielen Infos zu sich und Ihrem Problemhaus. Schicken Sie Fotos von allen Räumen, einen Grundriss und diverse Außenansichten. Natürlich müssen Sie auch Ihr Schicksal möglichst detailliert beschreiben, damit klar wird, warum gerade Sie die Renovierung verdient haben. Sie können auch jemand ganz anderen mit der Renovierung überraschen. Wenn Sie also eine bedürftige Familie im schlimmen Eigenheim kennen, ist das vielleicht eine Option.

Es gilt auch hier: Lassen Sie sich nicht mit den Kameras zu tief in die Seele blicken. Wenn Sie eine andere Person mit der Renovierung überraschen wollen, versteht sich hoffentlich von selbst, dass Sie keine intimen Details ausplaudern.

Zuhause im Glück – unser Einzug in ein neues Leben

Doku-Soap

Die Sendung: Ähnlich wie in *Wohnen nach Wunsch - das Haus* kümmert sich auch hier ein Team um die Renovierung eines Hauses. Die Protagonisten in dieser Doku-Soap wurden ebenfalls vom Schicksal schwer und unverschuldet gestraft. Daher haben sie sich ein *Zuhause im Glück* redlich verdient.

Wenn Innenarchitektin Eva Brenner und Architekt John Kosmalla anrücken, kann man als Zuschauer allerdings schon mal den Überblick verlieren. Sie haben mehr als zehn Handwerker im Schlepptau, zusätzlich gibt es mittlerweile sogar noch weitere Teams, die sich ebenfalls um die Renovierung von „Unglückshäusern“ kümmern. In der knappen Zeit von nur acht Tagen werden also ganze Häuser komplett renoviert.

Die Familie verbringt diese Zeit entspannt in einem Hotel und hat keine Ahnung, was die Bauarbeiter mit dem Anwesen anstellen. Lediglich einen kleinen Einblick bekommen sie: Die Moderatorin überrascht die Bewohner im Hotel mit dem „Baurätsel“. Sie bringt dazu drei Gegenstände mit, von denen zwei symbolisch für einen Gewinn stehen. Wenn die Familie einen der beiden Gegenstände erwischt, erhält sie einen entsprechenden Zusatzpreis (Kamin, Luxus-Badewanne, ...) für ihr Haus. Zum Ende der Show wird die Familie selbstverständlich mit ihrem neuen Haus überrascht!

Auch der Zuschauer profitiert vom Wissen der Handwerker. In verschiedenen Rubriken (z.B. das „Baustellen-ABC“) werden allgemeine Tipps zu Renovierung und Hausbau gegeben.

Gewinn: Fast ein neues Haus – zumindest wird sich der Wert Ihres Hauses deutlich erhöhen!

Warum sollte man hingehen?
Sie erhalten eine komplette und liebevolle Hausrenovierung. Das Team um Eva Brenner wird immer wieder für die hervorragende Arbeit gelobt. Wenn Sie wirklich zur Zielgruppe dieses Formats gehören, dann können Sie ein neues Zuhause besonders gut gebrauchen.

Warum sollte man es lassen?
Sie müssen auch hier Ihr persönliches Schicksal offenlegen. Die Kamera will Tränen, der Zuschauer muss merken, dass Sie das neue Haus wirklich verdient haben. Wundern Sie sich also nicht über mitleidige Blicke nach der TV-Ausstrahlung.

Die Redaktion muss erkennen, dass sich hinter Ihrem Schicksal eine wirklich alptraumhafte Geschichte verbirgt, besonders gerne in Zusammenhang mit Ihrem Haus („Das Haus hat meinen Sohn krank gemacht und meinen Mann arbeitslos!“). Und: Ohne Fotos geht es hier garantiert nicht! Senden Sie Bilder von Ihrem Haus, beschreiben Sie genau das Problem und erzählen Sie das ruhig in allen Details (Keller, Heizung, etc.). Da das Team während der Produktion in Wohnmobilen und Containern beim Grundstück übernachten wird, sollten Sie darauf hinweisen, dass dies problemlos möglich ist. Zudem müssen Sie unbedingt auch Fotos von sich und Ihrer Familie mitschicken und Ihr Schicksal genau beschreiben.

Bleiben Sie ruhig. Machen Sie sich einfach klar, dass Sie Ihr Zuhause für ein paar Tage nicht von Ihnen begehbar ist – und freuen Sie sich über das renovierte Heim. Wie immer gilt: Lassen Sie nicht zu viele intime Details durchblicken...

Kapitel 9

Shows aus Österreich

Bingo
Quiz Show

Bei *Bingo* hofft das ganze Land auf einen Gewinn, aber im Studio sind Ihre Chancen deutlich höher als mit dem Los vor dem Fernseher! Das Publikum im Studio besteht aus exakt 75 Mitspielern, jeweils 15 Spieler bilden ein Team. Aus diesen Spielern wird ein Kandidat gezogen, der sein Team in der Show vertritt. Die fünf Studiokandidaten beantworten Quizfragen und spielen um Geld. Für jede richtige Antwort gibt es 100 Euro, für jede falsche Antwort bekommen die anderen vier Kandidaten jeweils 25 Euro. Nach dem Ende der Fragerunde kann der Kandidat im „Hopp oder Dropp"-Spiel um seinen Gewinn zocken. Er wählt einen Buchstaben (B-I-N-G-O) und kann seine Gewinnsumme damit verdoppeln, halbieren, behalten oder um 50% bzw. 25% erhöhen.

Im großen Finalspiel spielen 15 Studiogäste um mindestens 3.500 Euro (Startkapital). Es werden Bingo-Zahlen gezogen und mit jeder Ziehung erhöht sich die Gewinnsumme um 500 Euro. Sobald ein Tipp nur noch eine Zahl von *Bingo* entfernt ist, müssen sich die 15 Studiogäste entscheiden, ob *Bingo* mit der nächsten ermittelten Gewinnzahl erreicht wird. Diejenigen, die sich rechtzeitig entscheiden, dürfen sich die Gewinnsumme teilen. Sollte kein Tipper richtig liegen, wandert der Gewinn in die nächste Runde.

Gewinn: einige tausend Euro sind hier möglich.

Warum sollte man hingehen?
Wenn Sie zur Aufzeichnung im Studio eingeladen sind, haben Sie relativ gute Chancen auf einen Gewinn. Selbst, wenn Sie hier keine Kohle einsacken können, macht Ihnen der ORF garantiert einen schönen Tag.

Warum sollte man es lassen?
Sie könnten – trotz Einladung zur Show – am Ende leer ausgehen. Das Finalspiel ist reine Glückssache!

Ihre Bewerbung gilt immer für die übernächste Sendung und Sie müssen bestimmte Voraussetzungen erfüllen, damit Sie mitspielen dürfen. So sind nur Mitspieler zugelassen, die aus einem bestimmten politischen Bezirk in Österreich stammen. In der Fernsehsendung und auf www.win2day.at erfahren Sie, welcher politische Bezirk sich für die nächste Show bewerben darf. Sie müssen bei der Bewerbung unbedingt auf Zack sein! Die Telefonnummer ist immer nur für eine Stunde an einem bestimmten Datum geschaltet. Wenn Sie es als Kandidat in die Show schaffen, bekommen Sie zusätzlich zur Chance auf den Gewinn eine hochinteressante Führung durch den ORF.

Bitte vergessen Sie nicht, Ihre Bingo-Quittung zur Show mitzunehmen. Nur so können Sie sich als Mitspieler ausweisen.

Nutzen Sie das enge Zeitfenster: Die Telefonnummer ist immer nur für eine Stunde an einem bestimmten Datum geschaltet.

In der Sendung sind die Fragen in der ersten Runde oft einfach. Drücken Sie also schnellstmöglich den Buzzer,- die Antwort können Sie in den meisten Fällen geben. Im Finalspiel zählt letztendlich nur Glück, gehen Sie trotzdem nicht zu schnell in den vorderen Bereich der Bühne. Prinzipiell müssen Sie sich hier auch alleine nach vorne trauen, warten Sie nicht auf die anderen Kandidaten.

Die Brieflos Show

Lotterie

In *Die Brieflos Show* dürfen in jeder Ausgabe zwei Teilnehmer aus der gleichnamigen Lotterie an einem großen Glücksrad drehen und können Beträge bis zu 100.000 Euro kassieren, wenn ein kleiner Gummiball auf dieses Feld springt. Sollte man mit diesem tückischen Ball mehrmals hintereinander auf das Feld „Doppel" kommen, so sind theoretisch auch unbegrenzte Gewinne möglich. Die jeweiligen Teilnehmer für die nächsten Sendungen werden ebenfalls in der Show gezogen.

Wenn man bösartigen Presseberichten Glauben schenken möchte, könnte auch der Moderator Peter Rapp das Geld aus dem Glücksspiel ganz gut gebrauchen...

Zwischen diesen Runden veranstaltet er kleine Spiele mit Kandidaten aus dem Studiopublikum. Hier geht es um Geld- oder Sachpreise und die Spiele sind durchaus zu meistern, denn sie sind Standardkost aus der TV-Mottenkiste: Wer erkennt schneller ein Bildchen? Wer ist besser bei einer Memory-Variante? Die Fragen aus der Rubrik „Richtig oder Falsch?" haben es sogar zu literarischen Ehren gebracht. Das gleichnamige Buch liefert die Antworten darauf, ob Coca Cola ursprünglich als Medizin vermarktet wurde (Ja!) und Albert Einstein wirklich so ein schlechter Schüler war (Nein!).

Auch ohne Los kann man als Fernsehzuschauer an der Show interaktiv bei einem Telefongewinnspiel teilnehmen. Wenn der Zuschauer vor dem TV-Gerät richtig errät, welchen Preis ein Kandidat am Glücksrad erdreht, dann bekommt er endlich selbst mit einem Brieflos (= Gewinn) die Chance auf eine Teilnahme im Studio.

Gewinn: throretisch unbegrenzt; 100.000 Euro ist der höchste Betrag auf dem Glücksrad.

Warum sollte man hingehen?
Die Teilnahme an der Show ist eine reine Glückssache. Wenn Sie als Brieflosbesitzer eingeladen werden, können Sie nicht verlieren.Im Studiopublikum haben Sie zumindest die Chance auf einen kleineren Gewinn.

Warum sollte man es lassen?
Die Chancen sind sehr gering, da natürlich unglaublich viele Menschen ihre Brieflose einschicken.

Ein klassisches Brieflos kostet 1,00 Euro und kann einen Gewinn bis zu 100.000 Euro einfahren. Das Mega-Brieflos mit der maximalen Gewinnchance von 250.000 Euro kostet 2,00 Euro. Mit jedem fünften Brieflos haben Sie die Chance, an der wöchentlichen TV-Show teilzunehmen. Wenn auf Ihrem Gewinnabschnitt „Die Brieflos Show" geschrieben steht, füllen Sie Ihren Teilnahmecoupon aus. Dann geben Sie ihn in einer Vertriebsstelle bzw. Annahmestelle ab. Wenn Sie per Zufall ausgewählt werden, dürfen Sie am großen Glücksrad drehen und gehen vielleicht mit mehr als 100.000 Euro nach Hause! Wenn Sie am Publikumsspiel teilnehmen möchten, können Sie sich ganz einfach über das Formular auf www.win2day.at anmelden. Füllen Sie unbedingt alle Felder aus!

Als Studiozuschauer haben Sie die Chance, an einem der beiden Publikumsspiele teilnehmen zu können. Gehen Sie einfach mit guter Laune und entspannt zu der Produktion einer Sendung und hoffen Sie, dass man Sie aus dem Publikum auswählt. Sie müssen dann nicht einmal das hellste Licht im Saal sein. Wenn Sie Ihre Nervosität für einen Moment vergessen und zeitig auf den Buzzer drücken, stehen Ihre Chancen auf einen kleinen Gewinn gar nicht so schlecht! Zudem können Sie sich mit bis zu 60 (!) Personen für die Show anmelden. Vielleicht hilft Ihnen ja der Rückhalt der anderen Mitglieder aus Ihrem Kegelclub oder Makramee-Verein im Publikum.

Die Millionenshow

Quiz Show

Zehn Kandidaten sitzen in großer Runde um Moderator Armin Assinger. Derjenige von Ihnen, der zuerst vier Begriffe zu einer Frage in die richtige Reihenfolge bringt, darf um eine Million Euro spielen. Dazu stellt Assinger ihm bis zu 15 Multiple-Choice-Fragen mit jeweils vier Antwortmöglichkeiten.

Nach der fünften und zehnten Frage befindet sich eine Sicherheitsstufe. Der Kandidat kann in jedem Fall das bis hierher gewonnen Geld mit nach Hause nehmen. Unabhängig davon darf er jederzeit das Spiel beenden und erhält ebenfalls den bis dahin erspielten Betrag.

Sollte der Kandidat eine Antwort nicht wissen, so kann er auf einen von drei Jokern zurückgreifen. Der „Telefonjoker" erlaubt den Anruf bei einem von drei Freunden, der „50:50 Joker" lässt zwei falsche Antworten verschwinden und beim „Publikumsjoker" geben die Studiozuseher ein Mehrheitsvotum über die richtige Antwort ab. Es können auch mehrere Joker bei einer Frage eingesetzt werden.

Kommt Ihnen das bekannt vor?! Kein Wunder, bei *Die Millionenshow* handelt es sich um die österreichische Version von *Wer wird Millionär?*.

Die Gewinnverteilung in Assingers Quiz unterscheidet sich leicht von der deutschen Variante:

1. Frage:	100 €	
2. Frage:	200 €	
3. Frage:	300 €	
4. Frage:	400 €	
5. Frage:	500 €	Sicherheitsstufe
6. Frage:	1.000 €	

7. Frage:	2.000 €	
8. Frage:	5.000 €	
9. Frage:	10.000 €	
10. Frage:	15.000 €	Sicherheitsstufe
11. Frage:	30.000 €	
12. Frage:	75.000 €	
13. Frage:	150.000 €	
14. Frage:	300.000 €	
15. Frage:	1.000.000 €	

Neben der klassischen Version kann man auch bei Assinger eine „Risiko-Variante“ mit einem vierten Joker spielen. Zu dieser Alternative muss man sich vor Spielbeginn entschließen. Der Kandidat tauscht hier die zweite Sicherheitsstufe bei 15.000 Euro gegen den Joker „zweite Chance“. Mit diesem kann er bei einer falschen Antwort noch einmal tippen. Der Joker muss allerdings vor (!) der Beantwortung der Frage gesetzt werden. Sobald dieser Joker gezogen wurde, sind bei der aktuellen Frage keine weiteren Rettungsanker mehr möglich. In der „Risiko-Variante“ darf man zudem insgesamt fünf Telefonjoker (also zwei mehr als in der klassischen Version) nominieren.

Gewinn: Auch in Österreich gibt es selbstverständlich eine Million Euro als Hauptgewinn.

Warum sollte man hingehen?
Das hier ist die ultimative Quizshow! Viel Geld, schwierige Fragen, Risiko und ein Moderator, der die Kandidaten auch mal verunsichert. Mit anderen Worten: extrem viel Spaß!

Warum sollte man es lassen?
Das hier ist definitiv der heißeste Stuhl Österreichs. Da spielt es auch keine Rolle, dass er in Wahrheit in Hürth-Kalscheuren bei Köln in Deutschland steht. Man muss sich hier wirklich trauen – und wird dabei von der ganzen Nation beobachtet.

Der ORF ermöglicht die kostenlose Bewerbung per Internetformular. Nutzen Sie das und tragen Sie Ihre Daten direkt auf der Internetseite des Senders ein. Wenn Sie zusätzlich per Anruf und SMS Ihre Daten übermitteln wollen, sind die Kosten überschaubar. Beachten Sie, dass die Aufzeichnung in Köln (Deutschland) im *Wer wird Millionär?*-Studio stattfindet. Sie treten dort vor das deutsche Publikum. Einige Österreicher nehmen aber für Armin Assinger auch die lange Anreise in Kauf.

Wenn Sie sich für die „Risiko-Variante" entscheiden, müssen Sie beim Joker „zweite Chance" genau aufpassen, da Sie nach dem Setzen von diesem Joker bei der aktuellen Frage keine weiteren Joker mehr ziehen können. Wenn Sie keine Ahnung haben, setzten Sie zuerst einen der anderen Joker. Wenn Sie den „50:50-Joker" noch haben, setzen Sie diesen zuerst. Wenn Sie danach (!) den „zweite Chance"-Joker ziehen und falsch antworten, haben Sie trotzdem (eben in der zweiten Chance) die nächste Gewinnstufe erreicht. Bei der Risiko-Variante müssen Sie sich ohnehin sehr im Griff haben – oder ein eiskalter Zocker sein, für den das Geld keine Rolle spielt.

Auch auf einen weiteren Joker sollten Sie sich vor der Show bereits vorbereiten. Machen Sie Testanrufe mit Ihren Telefonjokern in Echtzeit. Wenn Assinger anruft, werden Ihre Bekannten natürlich trotzdem nervös sein, aber wenigstens haben sie das Ritual am Telefon schon mehrmals durchlebt.

Was gibt es Neues?

Comedy

Auch in Österreich lief *Genial daneben* schon unter dem Originaltitel. Beim ORF nennt sich das witzige Comedy Quiz *Was gibt es Neues?*, wird präsentiert von

Oliver Baier und ist offiziell eine Eigenentwicklung des ORF. Das Prinzip der „schlauen Stunde“ ist auch hier bestechend einfach: Zuschauer schicken ihre – oft skurrilen – Fragen ein und hoffen, dass ein Team bestehend aus Comedians die Lösung auf diese Frage eben nicht findet. Dem Einsender winkt in jedem Fall ein Büchergutschein im Wert von 300 Euro. Zusätzlich fragt Baier sein Team wöchentlich nach dem „Ding der Woche“. Neben den Einsendungen der Zuschauer beantwortet das Panel in jeder Ausgabe auch eine „Promifrage“. Hier stellt eine bekannte Persönlichkeit das Rateteam auf die Probe.

Unter den Gästen der Show sind beispielsweise die Kabarettisten Michael Niavarani, Viktor Gernot, Andreas Vitásek, Klaus Eberhartinger, Thomas Maurer, Gerald Fleischhacker, Eva Maria Marold, Ulrike Beimpold, Sigrid Hauser, Monica Weinzettl oder Martin Puntigam.

Die Sendung steht immer unter einem bestimmten Motto. Dazu passend verteilt Baier kleine Geschenke (als Anerkennung für „besondere Rateleistungen“) an das Rateteam.

Gewinn: Ein Büchergutschein im Wert von 300 Euro.

Warum sollte man hingehen?
Gute Stimmung im Studio und wenig Einsatz für die Einsendung einer Frage lassen den relativ geringen Wert von 300 Euro schnell vergessen.

Warum sollte man es lassen?
Sie können für das Geld nur Bücher kaufen. Wenn Sie also sonst nur die Rückseite von leeren Zahnpastatuben auf dem Klo lesen, wird Ihnen der Gewinn hier keinen Spaß machen. Redakteure sind faul! Geben Sie deshalb auch hier mindestens zwei Quellen zur Antwort auf Ihre Frage an. Der Mitarbeiter beim Sender muss sich dann nicht mehr so viel Mühe machen und sucht vielleicht gerade Ihre Frage für die Sendung aus.

Für alle Beteiligten ist es frustrierend, wenn sich Fragen wiederholen. Gucken Sie vor dem Einschicken unbedingt auf www.wasgibtesneues.at

Dort finden Sie ein Archiv mit den bisher gestellten Fragen. Recherchieren Sie für Ihre Frage im Internet. Aber auch in wissenschaftlichen Magazinen finden Sie oft skurrile Meldungen. Gleiches gilt für die Rubrik „Vermischtes" in vielen Zeitungen. Aber Achtung: Je mehr Menschen die Zeitung lesen, desto höher ist natürlich auch das Risiko, dass Sie nicht der alleinige Einsender sind. Schicken Sie Ihre Fragen ruhig mehrfach (aber immer nur eine pro Einsendung) per Brief, E-Mail oder Internet-Formular. Auch hier werden die Fragen ausgelost, da die Redaktion nicht alle Fragen sichten kann. Sie können selbstverständlich auch ein „Ding der Woche" einschicken.

Kapitel 10

Shows aus der Schweiz

Al Dente

Koch-Quiz

Der Name lässt schon vermuten, dass *Al Dente* eigentlich eine Kochshow ist. Sven Epineys Team aus Profiköchen bereitet in der Sendung auch tatsächlich Speisen und Getränke zu. Zudem kann man aber auch als Studiokandidat absahnen. Irgendwo zwischen Produktvorstellungen, Rezepten, Nahrungsmittelkunde und Filmeinspielungen dürfen zwei Kandidaten in insgesamt sechs Spielrunden mit ihrem kulinarischen Wissen glänzen und tolle Preise gewinnen.

Ein fester Bestandteil ist das Spiel „Die verflixte Sieben". Hier stellt Epiney sieben Behauptungen auf. Die Kandidaten tippen, ob diese Behauptungen richtig sind und kassieren dafür Punkte. Allerdings dürfen auch die Kandidaten zeigen, dass in ihnen ein Kochtalent steckt. In der Sendung müssen sie häufig einfache Gerichte zubereiten. Dafür gibt es ebenfalls Punkte. Die Kochversuche sind an weitere Aufgaben geknüpft („Welche Zutat fehlt noch für ein echtes Zaziki?! Holt die Zutat und bereitet es zu!").

Ein Klassiker ist auch das Spiel mit den lustigen Brillen. Sobald die Kandidaten diese aufgesetzt haben, sehen sie nichts mehr und müssen sich ganz auf ihre Geschmacksnerven verlassen, wenn der Moderator zur Kostprobe bittet. Wer hier die gereichten Gerichte erkennt, kann weitere Punkte einheimsen. Ein fester Bestandteil von *Al Dente* sind auch klassische Multiple-Choice-Fragen. Häufig gibt es dazu dann einen Filmeinspieler.

Im Finale spielen die beiden Kandidaten um einen Einkaufgutschein für eine Supermarktkette in der Schweiz, die natürlich rein zufällig auch der Werbepartner der Show ist. Dazu gibt der Moderator immer deutlichere Hinweise auf einen Begriff aus der Küchenwelt. Je mehr Hinweise die Kandidaten bekommen, desto geringer wird der Wert des

Gutscheins. Wer sich hier zuerst eindrückt, bekommt den Gutscheinwert auf seinem Konto gutgeschrieben. Das Spiel wird mit Gutscheinen in drei verschiedenen Wertstufen gespielt. Der letzte Gutschein hat einen Wert von 10.000 CHF.

Gewinn: Für etwa 20.000 CHF kann der Gewinner im Optimalfall einkaufen, dazu gibt es weitere Preise.

Warum sollte man hingehen?
Hier gewinnt jeder! Auch der „zweite Sieger" geht in der Regel mit ein paar Preisen und einem Warengutschein nach Hause.

Warum sollte man es lassen?
Hier bewerben sich so viele Menschen, dass der Sender teilweise darum bittet, dass man von Kandidatenbewerbungen absieht.

Die Sendung hat mehrere Werbepartner. Diese möchten ihre Show natürlich mit möglichst attraktiven, aber irgendwie doch „ganz normalen" Menschen bestückt sehen. Daher sollten Sie in Ihrer Bewerbung zeigen, dass Sie exakt das sind! Schicken Sie ein nettes Foto von sich mit. Da Sie in der Sendung vielleicht auch ein einfaches Gericht zubereiten müssen, zeigen Sie schon in der Bewerbung, dass Sie das hinbekommen. Natürlich dürfen Sie auch kein Profi sein. Schreiben Sie, dass Sie gerne kochen, auf bestimme Gerichte stolz sind, aber Ihnen auch durchaus mal die Milch anbrennt.

In der Show können Sie oft nur raten, da es auch häufig um Ernährungsirrtümer, überraschende Fakten und die Geschichte von bestimmten Nahrungsmitteln geht. Darauf kann man sich nur schlecht vorbereiten. Ein paar Bücher zu diesen Themen können aber als Lektüre im Vorfeld der Show sicherlich nicht schaden. In der Show können Sie auch bei Unsicherheit Ihren Buzzer ruhig betätigen, da bei einer falschen Antwort keine Punkte abgezogen werden. Wenn Sie als Kandidat auftreten dürfen, haben Sie schon gewonnen: Auch der „zweite Sieger“ geht bei *Al Dente* nicht mit leeren Händen nach Hause!

Benissimo

Samstagabendshow

Die Show ist eine Unterhaltungssendung mit vielen Elementen. Wirklich mitspielen können die Zuschauer aber nur mit einem gültigen Los. Die Swisslos veranstaltet eine eigene *Benissimo*-Lotterie, deren Lose bei allen Swisslos-Verkaufsstellen erworben werden können. Gewinnerlose mit dem Gewinneindruck „Benissimo“ dürfen die Zuschauer (mit einer Anschrift versehen) einschicken. Aus diesen Losen werden während der Show Lose gezogen und die Losbesitzer von Beni Thurnheer während der Show angerufen.

Die Kandidaten suchen sich dann eine von neun farbigen Kugeln aus, welche jeweils einen Sofortgewinn oder eine Niete beinhalten. Bei der Ziehung einer Niete scheidet der Anrufer aus. Der Telefonkandidat kann aber auch eine Kugel erwischen, die ihn direkt in die Ziehung um die Million katapultiert. Der Anrufer muss sich im Fall eines Sofortgewinns entscheiden, ob er diesen wählt. Alternativ kann er auch um die Million spielen. Dazu wandert seine Kugel in eine große Glaskugel. Gegen Ende der Show wird eine der farbigen Kugeln per Zufall ermittelt – und der Besitzer der Kugel gewinnt die Million.

Gewinn: 1.000.000 CHF werden in jeder Sendung ausgespielt!

Warum sollte man hingehen?
Wenn Sie schon ein Los eingeschickt haben, können Sie wirklich auch noch den Abend vor dem Fernsehen aushalten.

Warum sollte man es lassen?
Es handelt sich um eine Lotterie mit geringen Chancen. Seien Sie also nicht zu enttäuscht, wenn Ihr Los nicht gezogen wird.

Das Los kostet 10,00 CHF und ist in allen Verkaufsstellen von Swisslos erhältlich. Wenn Sie tatsächlich den Aufdruck „Benissimo" auf Ihrem Los lesen können, dürfen Sie an der Show teilnehmen. Schreiben Sie Ihren Namen und Ihre Anschrift gut leserlich auf den Abschnitt. Geben Sie zudem Ihre Festnetznummer und Ihre Mobilfunknummer an. Wichtig: Schicken Sie das Los unbedingt ausreichend frankiert ein, sonst wird es von der Teilnahme ausgeschlossen.

Kaufen Sie entspannt ein Los und hoffen Sie nicht auf die Teilnahme bei der Show. Vielleicht gewinnen Sie ja auch direkt eine Summe zwischen 10 CHF und 250.000 CHF. Wenn Sie tatsächlich ein Los mit „Benissimo"-Aufdruck eingeschickt haben, sollten Sie zur Ausstrahlung der Sendung daheim sein. Sorgen Sie dafür, dass der Akku von Ihrem Telefon aufgeladen ist und Sie keine Telefongespräche während *Benissimo* führen. Sollte bei Ihnen besetzt sein (oder niemand ans Telefon gehen), ist der Gewinn für Sie verloren!

Deal or no deal – das Risiko
Gameshow

Das Zocken um die Koffer findet rund um den Globus statt. In Deutschland hat die Show mit Guido Cantz nicht überlebt, in vielen anderen Ländern ist die Sendung immer noch ein Quotenhit und beispielsweise in England sogar täglich zu sehen. In der Schweiz lässt Roman Kilchsperger die Koffer von seinen charmanten Koffergirls öffnen und fährt damit gute Einschaltquoten ein.

In der ersten „Clue“-Runde liest der Moderator maximal zehn Hinweise auf einen Oberbegriff vor. Sobald einer der 26 Kandidaten den Oberbegriff nennen kann, hat er sich für die zweite Runde qualifiziert. Die „Clue“-Runde wird fünfmal gespielt, so dass fünf Kandidaten in die zweite Runde vorrücken. Diese fünf Spieler suchen sich unter 26 Boxen jeweils zwei aus. In den Boxen befinden sich Zahlen von 1 bis 26. In der zweiten Runde können Sie entscheiden, ob sie weiterspielen wollen – oder auf ein Angebot der „Bank“ zum Ausstieg eingehen möchten, denn letztlich darf nur der Spieler in Runde 3 um die Koffer zocken, der die höchste Zahl gezogen hat.

Der verbleibende Mitspieler wählt in der Hauptrunde einen von 26 Koffern. Die Koffer enthalten Geldbeträge von 0,05 CHF bis 250.000 CHF. Nach und nach werden die restlichen 25 Koffer geöffnet und die Geldbeträge offenbart. Die Chancen auf einen hohen Gewinn im Koffer des Kandidaten werden so nach und nach enthüllt. Zwischendurch macht „die Bank“ dem Kandidaten ein Angebot. Der Banker nennt einen bestimmten Geldbetrag. Der Kandidat kann diesen annehmen und das Spiel vorzeitig beenden („Deal!“). Wenn der Spieler kein Angebot der Bank annimmt („No Deal!“) erhält er den Betrag im zu Beginn der Runde gewählten Koffer.

Gewinn: In den dicksten Koffer hat der unheimliche Banker 250.000 CHF gepackt!

Warum sollte man hingehen?
Lediglich in der ersten Runde kann man mit Wissen und/oder Schnelligkeit glänzen. Danach ist das Spiel wirklich nur noch Glückssache mit geschicktem Taktieren.

Warum sollte man es lassen?
Es spielt nur einer von 26 Kandidaten. Zudem bewerben sich so unfassbar viele Menschen, dass der Sender sich teilweise eine Bewerbung verbittet. Die Chancen sind also gering.

Es gilt auch hier: In der dritten Runde stehen nur noch Sie und der Moderator im Rampenlicht. Daher sollte die Redaktion das Gefühl bekommen, dass Sie ein unfassbar spannender Mensch sind. Packen Sie also interessante Geschichten in Ihre Bewerbung!

Sie können sich natürlich schon im Vorfeld der Show diverse Wahrscheinlichkeiten und Statistiken berechnen lassen. Besser: Setzen Sie sich einen Mindestbetrag! Wenn die Bank Ihnen diesen bietet, steigen Sie aus. In der Show wollen Sie garantiert zocken und haben schon die Dollarzeichen in den Augen. Wenn Sie aber ohne einen Franken wieder heimkommen, werden Sie sich sehr ärgern. Alternativ können Sie sich natürlich auch für das Zocken entscheiden. Machen Sie sich diese Entscheidung aber bereits vor (!) der Show bewusst und lassen Sie sich nicht im Studio zu einem Spielverlauf hinreißen, den Sie normalerweise nicht bevorzugen würden.

1 gegen 100
Quiz Show

Aus 101 Mitspielern wird per Zufallsgenerator ein Kandidat ausgewählt. Er spielt jetzt ganz alleine gegen die 100 verbliebenen Personen. Der Kandidat bleibt so lange im Spiel, bis er entweder alle 100 Menschen besiegt hat, oder eine falsche Antwort gibt. Im zweiten Fall scheidet er ohne Gewinn aus. Auch die 100 Gegenkandidaten bleiben so lange im Spiel, bis sie eine falsche Antwort geben. Der Einzelkandidat kann sich vor jeder Runde zwischen zwei

Themengebieten entscheiden. Aus diesem Themengebiet wird dann eine Frage mit drei Antwortmöglichkeiten gestellt. Gibt der Spieler die richtige Antwort, so scheiden alle Gegner mit der falschen Antwort aus. Für jeden „eliminierten" Gegner kommen 1.000 CHF auf das Konto des Einzelkandidaten. Dieser kann zudem auf Joker zurückgreifen: Wenn er auf die Hälfte seiner bisher gebunkerten Kohle verzichten möchte, kann er sich ganz einfach einmal die Antwort auf die aktuelle Frage kaufen. Die Gegner mit der falschen Antwort kickt er trotzdem aus dem Spiel. Einmal pro Spielrunde kann er einen Joker auf die richtige Antwort setzten und verdoppelt den Betrag für jeden ausscheidenden Gegenkandidaten auf 2.000 CHF.

Zudem kann der Kandidat einen weiteren Joker hinzu gewinnen, wenn er keine Frage aus einem der beiden Themengebiete wählt, sondern sich für die „Jokerfrage" entscheidet. Antwortet er hier richtig, erhält er einen weiteren Joker, den er setzten kann. Antwortet er falsch, ist das Spiel für ihn beendet.

In der finalen Runde, wenn die 100 Gegner bereits aus dem Spiel sind, kann der Kandidat zusätzlich einen Bonus von 25.000 CHF einstreichen. Wenn er sicher ist, dass er die richtige Antwort auf die Frage gegeben hat, kann er das Bonusangebot annehmen. Wenn er tatsächlich richtig liegt, bekommt er seinen bisher erspielten Betrag plus 25.000 CHF. Wenn er falsch liegt, dann hat er auch sein bisher erspieltes Geld verloren. Der Kandidat muss das Bonusangebot aber nicht annehmen, sondern kann auch ganz gemütlich an dieser Stelle aussteigen. Sein bisher erspieltes Geld ist ihm sicher.

Gewinn: Theoretisch sind hier 45.000 CHF möglich.

Warum sollte man hingehen?
Die Show ist eine launige und sehr beliebte Sendung. Die Moderatorin ist auf Ihrer Seite und die Stimmung im Studio

ist unschlagbar. Schließlich fiebern 101 Spieler dem Geld entgegen.

Warum sollte man es lassen?
Sie müssen buchstäblich 100 Gegenspieler aus dem Rennen kicken. Diese hohe Anzahl Gegenspieler haben Sie sonst in keiner anderen Show.

Ihre Bewerbung sollte Spielfreude erkennen lassen. Zudem können Sie sich hier für Ihr Foto durchaus etwas aufhübschen, immerhin spielen Sie in der Prime-Time. Vergessen Sie nicht, dass Sie natürlich nur in die Sendung wollen, weil Ihnen das bestimmt Spaß machen würde! Das Geld ist selbstverständlich zweitrangig!

Unterschätzen Sie die Joker nicht. Richtig angewendet können Sie Ihnen viel Geld bringen. Mit der Jokerfrage sollten Sie trotzdem vorsichtig sein und diese nur wählen, wenn Ihnen beide Kategorien wirklich nicht liegen. Oft können Sie an der Reaktion der 100 Gegenspieler „lesen", ob viele Menschen die Antwort kennen. Achten Sie also genau auf ein Stöhnen oder strahlende Gesichter in der Meute.

5 gegen 5
Gameshow

Eine der erfolgreichsten Gameshows der Welt ist immer noch *Family Feud*, im deutschsprachigen Raum lange als *Das Familienduell* mit Werner Schulze-Erdel bei RTL zu sehen. Die deutsche Neuauflage bei RTL2 lief unterdurchschnittlich und war schnell wieder Geschichte. Im Schweizer Fernsehen hingegen stellt Moderator Sven Epiney sehr erfolgreich seine Fragen, die immer mit „Wir haben 100 Leute gefragt..."

beginnen. Wenn die Kandidaten in der Show erraten können, was eben möglichst viele dieser 100 Leute geantwortet haben, bekommen die Mitspieler die entsprechenden Punkte und können bis zu 30.000 CHF gewinnen. Das Gewinnerteam aus vier Vorrunden nach diesem Schema darf im Finale um 3.000 CHF zocken. Dazu wird ein Mitspieler in die schalldichte Kabine geschickt, während ein anderes Teammitglied fünf „Wir haben 100 Leute gefragt...“-Aufgaben in 20 Sekunden beantwortet. Das zweite Teammitglied wird auf die Bühne geholt und der Moderator stellt ihm die gleichen Fragen. Wenn beide zusammen 200 Punkte erreichen, gewinnt das Team 3.000 CHF. Schafft es die Mannschaft fünffach ins Finale und holt in der fünften Sendung auch die 200 Punkte, verlässt das Team mit dem Hauptgewinn von 30.000 CHF die Show.

Gewinn: Täglich sind CHF 3.000 im großen Finale zu erspielen, beim fünften Einzug ins Finale geht es um CHF 30.000.

Warum sollte man hingehen?
Die Show ist eine harmlose Familienunterhaltung. Niemand will Sie hier vorführen oder leiden sehen. Zudem kann sich der Haupt-gewinn durchaus sehen lassen.

Warum sollte man es lassen?
Gegen eine Teilnahme an der Sendung spricht in erster Linie die lange Wartezeit auf ein Casting. Suchen Sie sich daher Menschen, mit denen Sie auch in einem Jahr noch ganz sicher sprechen werden.

Sie können sich als Teamsprecher direkt auf der Seite des Fernsehsenders registrieren und werden dann schriftlich zu einem Casting eingeladen. Auf der Internetseite steht auch ein Castingbogen (inklusive eines ausgefüllten Beispiels) zum Download bereit. Beachten Sie, dass Ihr Team aus insgesamt sechs Personen bestehen muss; ein Mitspieler ist als Ersatzkandidat vorgesehen. Da die Sendung überaus beliebt ist, treffen sehr viele Bewerbungen bei der Produktionsfirma ein. Sie müssen mit einer Wartezeit von mehr als einem Jahr (!) bis zu einer Castingeinladung rechnen. Die Reihenfolge der Anmeldung auf der Internetseite ist hier ausschlaggebend. Sie müssen keine Familie sein! Bei *5 gegen 5* spielt die Beziehung der Kandidaten zueinander keine Rolle. Allerdings können Sie sich auch weiterhin als Familie bewerben.

Zum Teamkapitän ernennen Sie sinnvollerweise denjenigen, der am wenigsten nervös ist. Passen Sie während der Sendung genau auf und hören Sie dem Moderator zu. Das klingt nach einem extrem überflüssigen Ratschlag, aber es werden sehr oft Antworten gegeben, die nicht zur Frage passen. Im Scheinwerferlicht verwechselt man eben schon mal „Gegenteil" mit „reimt sich auf...". Gucken Sie sich die lustigsten Antworten aus der Sendung (und aus *Das Familienduell*) auf „youtube" an und Sie werden sehen, warum dieser Ratschlag sehr wertvoll sein kann! Spielen Sie alle Fragen des Moderators in der Show gedanklich mit und überlegen Sie sich zudem eine Ersatzantwort. Sollten Sie plötzlich an der Reihe sein, können Sie überlegt und richtig antworten.

Das Finalspiel sollten Sie ausgiebig daheim trainieren. So finden Sie ganz einfach heraus, welche Teammitglieder sich perfekt ergänzen. Diese beiden Personen spielen dann auch in der Show das Finale. Schließlich geht es hier um viel Geld!

Nachwort

Viele Zuschauer und Leser kennen mich noch aus meiner Zeit als Moderator bei der Show *Der Preis ist heiß*. 1873 Folgen wurden von diesem legendären Format in den Jahren 1989 bis 1997 aufgezeichnet. Bei uns wurden die Preise nur so „rausgeknallt". Es wurden Gewinne von bis zu 100.000 DM, in seltenen Fällen auch von bis zu 200.000 DM, an die Kandidaten vergeben. *Der Preis ist heiß* war die erste Show dieser Art im deutschen Fernsehen. Ich würde sagen, mit uns ist das Genre Gameshow erst entstanden. Bei mir gab es keine Verlierer. Ich habe immer gesagt: „Sie haben gewonnen" oder „Sie haben ... leider ... nicht gewonnen!" und mit Stolz sage ich heute immer noch: diese Show war meine große Leidenschaft!

Wie vielseitig Gameshows tatsächlich sein können, zeigt dieses Buch. Ob *Big Brother*, *Wer wird Millionär*, *Quizduell* oder *Dings vom Dach* – alles Sendungen, mit denen Sie richtig absahnen können! Und die Liste ist noch viel länger. Wenn Sie dieses Buch aufmerksam gelesen haben und sich auch nur für die Hälfte der Shows bewerben wollen, dann können Sie ganz schön viel Geld mit nach Hause nehmen. Auch, wenn Sie nicht immer das Finale erreichen oder als Sieger aus dem Studio gehen!

Aber das Buch sagt Ihnen auch, dass Sie sich nicht nur auf Ihr Glück verlassen sollten. Klaus Storm hatte ein unvergleichliches Wissen über die deutsche und internationale Fernsehszene. Er hatte viel recherchiert und sehr ausführlich jede Show beschrieben. Wer seine Tipps und Anleitungen ernst nimmt, hat sehr gute Chancen, es nicht nur ins Casting zu schaffen, sondern auch die ganze Siegerstraße lachend entlang zu laufen.

Und hier noch ein kleiner Tipp von mir: Wenn wir damals die Bewerber beim Casting gefragt haben, was sie denn am liebsten gewinnen wollten, haben viele geantwortet: „Ein Auto!". Die haben wir meistens gleich aussortiert. Eine Antwort, die gut ankam, war zum Beispiel: „Ich würde mich freuen, wenn meine Frau die Reise nach Hawaii gewinnt. Ich bin mit einem Bügelbrett zufrieden!".

Diese Männer waren nicht nur originell, sondern auch schlau, denn die Reise wird die Frau wohl mit ihnen machen und das Bügelbrett ... naja ... vielleicht freut er sich wirklich über ein Neues.

Klaus Storm ist an seiner Krankheit Depression gestorben. Ich kenne diese Krankheit auch aus meinem Umfeld. Wenn wir begreifen, dass Depression kein Zustand ist, sondern eine heilbare Krankheit, würde die Gesellschaft offener damit umgehen und es den Betroffenen leichter machen, darüber zu sprechen und Hilfe anzunehmen.

Klaus Storm war ein großartiger Mensch und toller TV-Entwickler. Ich habe ihn persönlich gekannt. Er hatte noch viele Ideen im Kopf, die eine Bereicherung für das deutsche Fernsehprogramm geworden wären. Mit diesem Buch bleibt ein Stück seines Gedankenguts am Leben. Es zeigt, wie sehr er das Fernsehen geliebt hat.

In diesem Sinne wünsche ich Ihnen viel Erfolg! Klaus würde sich freuen, wenn er Ihnen helfen konnte, die Kohle aus den Shows rauszuholen.

Ihr Harry Wijnvoord

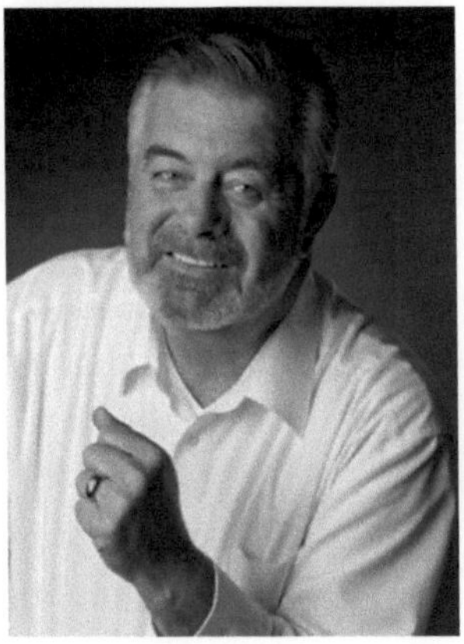

Schlusswort

Mein Name ist Vera und ich bin Klaus‘ kleine Schwester. Alles rund ums Fernsehen war Klaus‘ Leben. Er hatte davon geträumt, einmal selber eine Late Night Show zu haben. Klar wäre Ruhm auch toll gewesen, aber ich glaube, es ging vor allem darum, die TV-Welt ein wenig niveauvoller zu machen. Und auf eine humorvolle, aber nicht degradierende Art, das Menschliche zurück zu bringen.

Klaus war herzlich, aufmerksam, intelligent und leicht verrückt. Aber das haben Genies oftmals an sich. Er fehlt sehr!

Manchmal stöbere ich in alten Fotos oder setze mich in sein altes Zimmer und lese Bücher über TV-Shows oder schaue mir seine TV-Auftritte in Quizshows an. Zum Beispiel der Auftritt bei Jeopardy, bei dem er diesen furchtbaren beigen Anzug (Klaus war sehr eitel) tragen musste, da sein Shirt „nicht telegen“ war. Die Kohle hat er trotzdem abgeräumt und davon einen wesentlichen Teil seines Studiums finanziert!

Klaus war auch sonst ein Gewinnertyp: Einmal hat er beim Emslandquiz auf dem Papenburger Stadtfest ein Schlauchboot gewonnen und dann teuer an einen Haselünner Angelshop verkauft. So durfte er auch den ein oder anderen Prominenten persönlich treffen. Zum Beispiel Harry Wijnvoord.

Ich wusste, dass Klaus an einem Buch über Quizshows schrieb aber nicht, dass er es uns nach seinem Abschied im Juni 2010 quasi druckfertig überlassen hatte. Mir wurde immer klarer, dass wir ihm die Aufgabe abnehmen sollten, es zu veröffentlichen und anderen Menschen damit zu helfen, die dicke Kohle abzusahnen und somit den TV-Mokeln das Geld aus der Tasche zu ziehen.

Seine Krankheit Depression hatte ihm die Kraft genommen, es selber zu tun. Für mich kam dann nur eine Person in

Frage, die mich bei diesem Projekt unterstützen könnte: Klaus langjährige Kollegin - vor allem aber Freundin – Natascha. Und so begann dieses wunderbare Projekt.

Vera Storm

Seit Klaus nicht mehr da ist, hat Vera ein bisschen seinen Platz eingenommen. Wir haben jetzt schon ein paar Jahre regelmäßigen Kontakt. Als mich an meinem Geburtstag im September 2015 ihre E-Mail erreichte, war ich über den Anhang nicht wenig überrascht. Sie hatte mir zwar eine Geburtstagsüberraschung angekündigt, aber mit Klaus ´ Buch hatte ich nicht gerechnet. Typisch Klaus! Ein perfekt recherchiertes TV-Buch. Seine Leidenschaft zu diesem Medium wird mit jeder Zeile deutlich.

Vera hatte mir das Buch natürlich nicht einfach so geschickt. Sie hatte den Plan, es zu veröffentlichen. Großartig und ganz sicher in Klaus ´ Sinn. Ich war sofort begeistert. Klaus hinterlässt wirklich eine große Lücke, aber mit diesem Buch, seinem letzten Werk, ist sie aus meiner Sicht ein bisschen kleiner geworden. So ist dieses Buch entstanden.

Wir bedanken uns bei allen, die dieses Buchprojekt möglich gemacht haben: Bei den Vorwortautoren Frederic Meisner und Walter Freiwald, die ihre Erfahrungen aus der Welt der Quizshows mit uns geteilt habe und bei Harry Wijnvoord, der Klaus‘ Wunsch nachkam, ein Nachwort für dieses Buch zu schreiben.

Natascha Dalheimer

Was? Was in Gottes Namen! Was?

Was ist es,
dass dich keine Freude mehr spüren lässt?

Was ist es,
dass du den Sonnenstrahl auf deiner Haut nicht mehr spürst?

Was ist es,
dass für dich alle Farben grau aussehen?

Was ist es,
in Gottes Namen,
was deine Seele tötet,
bevor du deinen Körper zur Ruhe legst?

(Samia El Kasri, Köln, den 5.7.2010)

Anhang

Adressen von TV-Sendern und TV-Produktionsfirmen

TV-Sender (um nur einige zu nennen)

sixx.de wird produziert von:
fem Media GmbH
Ein Unternehmen der ProSiebenSat.1 Group
Gutenbergstr. 3
85774 Unterföhring

Hessischer Rundfunk
Anstalt des öffentlichen Rechts
Bertramstraße 8
D-60320 Frankfurt
Telefon: +49 (0)69 155 1
E-Mail: hzs@hr.de

Erstes Deutsches Fernsehen
Arnulfstr. 42
80335 München
E-Mail: info@DasErste.de

RTL
Picassoplatz 1
50679 Köln
Telefon: +49(0) 221-456-6-0
www.rtl.de

Westdeutscher Rundfunk Köln
Anstalt des öffentlichen Rechts
Appellhofplatz 1
50667 Köln
Postanschrift: 50600 Köln
Telefon: 0221/220 - 0
Fax: 0221/220 - 4800
E-Mail: redaktion@wdr.de

ProSiebenSat.1
Medienallee 4
D-85774 Unterföhring
Telefon: 089/9507-10
www.sat1.de
www.prosieben.de

Norddeutscher Rundfunk
Rothenbaumchaussee 132 - 134
20149 Hamburg
Telefon: 00 49 (40) 4156 - 0
Fax 00 49 (40) 44 76 02
E-Mail: ndr@ndr.de

VOX Television
Picassoplatz 1
50679 Köln
E-Mail: mail@vox.de
www.vox.de

Mitteldeutscher Rundfunk
Anstalt des Öffentlichen Rechts
Kantstr. 71 - 73
D-04275 Leipzig
Postanschrift: D-04360 Leipzig

Südwestrundfunk
Anstalt des öffentlichen Rechts
Neckarstraße 230
70190 Stuttgart
Telefon: 0711/929-0
Fax: 0711/929-11300
E-Mail: info@swr.de

Zweites Deutsches Fernsehen
55100 Mainz
Telefon: 06131/70-0
Fax: 06131/70-12157
E-Mail: info@zdf.de

RTL 2
Lil-Dagover-Ring 1
82031 Grünwald
Telefon: +49(0) 89-64 185 0
Fax: +49(0) 89-64 185 9999
Zuschauerredaktion
Fon: 0800 0005675 (diese Nummer ist gebührenfrei)

ORF-Zentrum Wien
Würzburggasse 30
A – 1136 Wien
Telefon: (01) 87878-0
www.orf.at

SF - Schweizer Radio und Fernsehen
Multimediazentrum
Fernsehstr. 1-4
CH-8052 Zürich
E-Mail: srf@srf.ch

Produzenten (um nur einige zu nennen)

Endemol Shine Germany
Am Coloneum 3-7
D-50829 Köln
Telefon: +49 (0) 221 650 300
E-Mail: info@endemolshine.de

Tower Productions
Gotzkowskystraße 20/21, 10555 Berlin
Venloer Str. 241 - 245, 50823 Köln
Telefon: +49 (0)30 520 076-0
Telefon: +49 (0)221 966 937-0
E-Mail: info@towerproductions.de

i&u Information und Unterhaltung TV Produktion
Hohenzollernring 89-93
50672 Köln
Telefon: 02 21 - 9 51 59 90
Fax: 02 21 - 5 10 10 28
E-Mail: info@iutv.de
www.iutv.de

ITV Studios Germany
Agrippastraße 87-93
50676 Köln
Telefon: (0221) 49 20 48-0
Fax: (0221) 49 20 48-100
E-Mail: info(at)itvstudios.de
www.itvstudios.de

Seapoint Productions
Hohenzollernring 21-23
50672 Köln
Telefon: +49 (0)221 99 885-0
Fax: +49 (0)221 99 885-222
Email: info@seapoint.de
www.seapoint.de

Brainpool TV
Schanzenstrasse 22
51063 Köln
Postfach 80 10 69
51010 Köln
Telefon: +49 (0) 221-6509-0
Fax: +49 (0) 221-6509-3005
www.brainpool.de

Constantin Entertainment
Carl-Zeiss-Ring 3
85737 Ismaning
Telefon: +49.89.44 44 88 440
Fax: +49.89.44 44 88 442
E-Mail: info@constantin-entertainment.de

UFA Entertainment
Dianastraße 21
14482 Potsdam
Telefon: +49 (0)331 / 7060 - 0
Fax: +49 (0)331 / 7060 - 149
Email: info@ufa.de

Talpa Germany
Jenfelder Allee 80
22039 Hamburg
Deutschland
Telefon: +49 (0) 40 / 69 40 5 - 0
Fax: +49 (0) 40 / 69 40 5 - 222
E-Mail: hamburg@talpa-germany.tv

Studio Hamburg
Jenfelder Allee 80
22039 Hamburg
Telefon: +49 40 6688-0
Fax: +49 40 6688-1133
E-Mail: presse@studio-hamburg.de

Bavaria Film
Bavariafilmplatz 7
D-82031 Geiselgasteig
Germany
Telefon: +49(0)89/ 6499 - 0
Fax: +49(0)89/64 92 507
E-Mail: info@bavaria-film.de

Sony Pictures Film und Fernseh Produktion
Gustav-Heinemann-Ufer 54
50968 Köln
Telefon: +49 221 93380 - 0
Fax: +49 221 93380 - 110
E-Mail: info@sonypictures-tv.de